인생에 관한
새빨간 거짓말

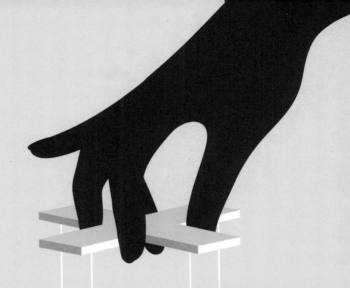

인생에 관한 새빨간 거짓말

타 인 의 말 에 속 지 않 고 나 로 서 결 정 하 는 법

윤성식 지음

21세기북스

인생의 선택을 잘하기 위한 5가지 방법

데이트 신청을 할까 말까, 사표를 낼까 말까, 집을 살까 말까, 주식을 팔까 말까, 어떤 학과에 지원할까, 어느 회사에 취업할까, 노후를 위해 뭘 준비해야 할까 등에 이르기까지 삶에 관한 모든 고민은 결국 의사결정과 집행이다. 나를 괴롭히는 직장 상사에게 어떻게 대응할지부터 이성 친구에게 어떤 선물을 해야 할지에 이르기까지 인간관계도 결국 의사결정과 집행이다. 마치 하루 이틀 공부해 기말고사를 준비하듯 고민이 생기면 당장 해결해줄 비법을 찾지만 그런 단방약은 없다. 어떻게 하면 잘 결정하고 잘 행동할 수 있을까?

첫째, 인생에 관한 거짓말에 속지 않는 연습을 하자. 이 책이 해부하는 인생에 관한 거짓말을 몇 개만 접해도 우리가 그동안 당연시 여겨온 거짓말들이 눈에 보이기 시작한다. 이 책은 인생에 관한 거짓말에서 벗어나는 연습 책이다. 《긍정의 배신》의 저자 바버라 에런라이크는 암환자의 낙관과 긍정이 오히려 손해를 불러온다는 과학적 사실을 제시한다. 제도권 힐링이 심어놓은 집단 무의식은 각종 거짓말을 통해 우리의 의식을 지배한다. 많은 사람이 '나도 그런 말이 거짓이라는 것쯤은 알아'라고 말할지 모르지만 막상 말 잘하는 사람이 하는 거짓말에 우리는 또다시 넘어간다. 과학적 근거나 논리를 남에게 제시할 수 있어야 확실하게 아는 것이다.

둘째, 좋은 의사결정은 지식과 경험을 필요로 한다. 아침형 인간은 저녁에, 저녁형 인간은 아침에 의사결정 오류를 더 잘 저지른다. 저녁형 인간이 늦잠을 자고 있는 아침에 보이스피싱 전화를 받으면 사기당할 확률이 높다. 베트남 정글에서 41년간 세상과 유리된 채 살아온 젊은이는 선악의 구별을 못한다. 인간은 자신에게 무엇이 진정한 이익인지 잘 모르고, 합리적이지도 이성적이지도 논리적이지도 않다. 똑똑한 사람일수록 대부분의 커뮤니케이션이 실패한다는 사실을 이해하지 못하고 단어 하나하나를 따지고 기억을 해부한다. 인간과 세상의 본질에 대한 이런 자연과학·사회과학적 지식은 좋은 의사결정에 필수다. 과학 지식은 생각하는 힘을 키우고, 생각하는 힘은 과학 지식과 결합해 우리를 각성시킨다. 지식과 경험은 좋은 의사결정을 위해 필요한 재료다. 재료가 없으면 좋은 의사결정은 불가능하다.

그러나 이 과정에서 정답, 진리, 객관적 사실이 있다는 착각은 버려야 한다. 결과가 좋으면 의사결정을 잘했다고 단정 짓고 나쁘면 못했다고 단정 짓는 인간의 심리를 이해해야 한다. 사후에 결과가 좋으면 의사결정을 잘한 게 된다. 삼류 의사결정을 했어도 일류로 집행하면 의사결정 오류가 드러나지 않는다. 대부분의 의사결정은 합리적 선택이 아니라 후회할 수밖에 없는 결단이다. 생각하는 힘이 약한 사람은 가지 않은 길에 대해 장밋빛 성공 시나리오를 쓰다 보니 항상 후회하기 마련이다. 삶은 딜레마, 모호함, 모순일 수밖에 없으니 의사결정 역시 그것들에 의해 결정되는 불완전한 임시 해결책에 불과하다.

지식과 경험을 토대로 삶의 논리와 이론을 가지고 있어야 정당성과 지지를 확보할 수 있고, 자신의 욕망도 당당하게 추구할 수 있다. 훌륭하게 살려고 애쓰지 말고 소시민적으로 평범하게 살자. 내가 윤리의 황금률(내게 싫은 일을 남에게 하지 말라)을 준수하면 내재가치가 높은 사람이고 사회에 소중한 사람이니 조금 더 당당해도 된다. 인간의 경험은 후성유전학적 과정을 거쳐 대물림되는 데에다 생각을 읽는 기술, 뇌를 스캔하는 기술이 급속도로 발달하고 있기에 100세 시대의 젊은이는 다른 삶을 준비해야 한다. 먼저 윤리의 황금률을 지키는 사람이 되어 '정직할 수밖에 없는 시대'를 준비하자.

셋째, 수많은 요인, 조건, 환경, 상황을 있는 그대로 보는 능력을 기르자. 회사에 사표를 내고 공무원 시험을 볼까 말까를 고민할 때, 주식을 팔아야 할까 보유해야 할까를 고민할 때 주변 사람들은 상반된 조언을 한다. 상반된 조언과 정보 속에서 어떻게 선택해야 할까? 인간의 성향은 수많은 요인, 조건, 환경, 상황 중 몇 가지에 근거해 단순하게 의사결정을 하려 한다. 의사결정을 잘하려면 주인, 주인공이 아니라 관찰자가 되어야 한다. 관찰자가 되고 싶다면 호흡에 집중하면서 나로부터 유체이탈하거나 내 사례를 친구의 사례로 객관화해 살펴보자. 관찰자는 내면이라는 비빔밥에 가미된 편견, 아집, 독선, 선입관, 도그마라는 양념을 있는 그대로 보면서 왜곡된 사건을 재구성한다.

넷째, 흔들리지 않는 몸과 마음이 필요하다. 있는 그대로 보면서 담담하고 차분하게 중도를 유지하면 마음이 평온해진다. 생각하는 힘이 강해 사유와 성찰의 단계에 이를 수 있어야 의사결정을 잘한다. 마음을 먹어도 먹어도 마음이 안 바뀌는 이유는 마음은 내 것이 아니라 자연, 타인, 세상이 만든 공동 소유물이기 때문이다. 인생은 나의 욕망과 어떻게 관계를 맺을 것인가의 문제다. 중도적 삶은 쾌락과 금욕이라는 양 극단을 떠나 모호함, 딜레마, 모순 속에서 해결책을 찾는 삶이다. 중도란 평균이나 중간 값이 아니라 있는 그대로 보는 능력이다. 나의 욕망과는 계약을 맺고 남의 욕망과는 거래를 하자. 우리는 돈, 음식, 이성을 좋아하는 사람의 후손이다. 우리의 욕망은 생존 확률을 높이기 위한 방향으로 진화해왔다. 내 욕망은 자연, 타인, 세상이 키웠으니 욕망에 충실하게 사는 게 인간적이다. 욕망은 내 본성이고 내 운명이다. 자기의 욕망을 모르면 결코 자기를 안다고 할 수 없다. 욕망을 알아차리고 관찰하면 내가 감당할 수 있는 욕망이 제자리를 잡는다. 욕망에 충실한 삶은 바람 부는 대로 낙엽 지는 대로 사는 삶이며, 욕망이 부는 대로 욕망이 지는 대로 사는 삶이다. 인위적 조작 없이 물 흐르듯 자연스럽게 살아야 죽을 때 후회가 적다.

뇌과학의 연구에 의하면 인간은 자유의지의 영역이 지극히 좁다. 호흡이 불안하면 몸과 마음이 흔들린다. 운동 플러스 호흡명상이야말로 가성비 최고의 의사결정 방법이다. 돈, 학벌, 직업, 외모의 약자라면 흔들리지 않는 몸과 마음으로 다른 차원의 강자가 되는 게 현명하다. 그러니 정신세계가 높은 사람이 되자. 높은 정신세계는 체력, 지식과 경험, 생각하는 힘, 있는 그대로 볼 수 있는 역량, 넓은 자유의지 영역 등으로 이루어진 생태계에 비유할 수 있다. 휘둘리지 않는 능력은 때로는 뼈와 근육에서 나온다. 체력과 지식을 우습게 보지 말자. 있는 그대로 보는 역량과 생각하는 힘은 지식과 경험을 잘 가공해 의사결정과 집행 오류를 최소화한다. 편견, 아집, 독선, 선입관, 도그마, 분노, 슬픔, 낙관, 비관, 긍정, 부정 등에서 벗어나면 자유의지의 영역이 넓어진다.

다섯째, 나 스스로 관찰자가 되면 내가 변화하고, 나 스스로 정치에 참여하면 세상이 변화한다. 나와 세상은 결코 별개가 아니다. 내가 먼저 변해야 하는 것도 세상이 먼저 변해야 하는 것도 아니다. 나도 세상도 변해야 한다. 개인은 세상을 바꾸기 어렵지만 선한 공동체와 좋은 정치에 참여하면 세상을 보다 쉽게 바꿀 수 있다. 당신이 돈, 직업, 학벌, 외모의 약자라면 아무리 노력해도 그것들의 강자가 되기는 무척 어렵다. 차라리 정치에 참여해 세상을 바꾸는 게 더 좋은 전략이다. 연구에 의하면 대한민국 노인은 자식으로부터 받는 용돈보다 국가에서 받는 돈이 더 많다. 대한민국 청년은 어떠한가? 세상의 약자는 선한 공동체와 좋은 정치를 통해 세상의 강자를 이길 수 있다.

나의 정신세계는 상당 부분이 누구를 만나 대화하고 관계를 맺고 어떤 공동체에 소속되는가에 달려 있다. 대화, 관계, 공동체는 장수와 행복의 비결이고 삶에 대한 나의 논리와 이론이 격상될 수 있는 기회를 제공하며, 무엇보다도 우리에게 가장 큰 즐거움을 준다. 인간으로부터 얻는 즐거움이 인생의 가장 큰 즐거움이다.

차례

프롤로그 인생의 선택을 잘하기 위한 5가지 방법   4

1장 욕망에 충실할 것
삶은 욕망과의 계약이다

전공과 직업에 관한 거짓말   15

꿈과 소망에 관한 거짓말   28

돈과 이익에 관한 거짓말   42

사랑, 겸손, 감사라는 거짓말   59

삶이란 욕망과 맺는 관계다   74

2장 논리는 견고하게 쌓아둘 것
당연한 것은 사실 당연하지 않다

진리, 객관, 사실에 관한 거짓말   89

인간에 관한 거짓말   104

의사결정에 관한 거짓말   116

생각하며 살지 않으면 사는 대로 생각하게 된다   134

삶의 논리와 이론은 나의 평온을 위해 필요하다   147

3장 단단한 몸과 마음으로 상황을 직시할 것

긍정은 때로 긍정적이지 않다

주인, 주인공이라는 거짓말   163

긍정과 낙관이라는 거짓말   176

나와 세상에 관한 거짓말   189

흔들리지 않는 몸과 마음은 세상의 약자가 기댈 수 있는 언덕   204

삶은 즐거움과 생존의 장소인 세상과 유리될 수 없다   217

에필로그 진부하고 상식적이고 너무나 가벼운 거짓말   230

부록 — 실생활에 적용하기 1 진로 결정의 기술   234

실생활에 적용하기 2 인간관계의 기술   242

1장

욕망에 충실할 것

삶은 욕망과의 계약이다

직장에서, 학교에서, 사회에서 우리가 만나는 수많은 사람들과 갈등이 생겼을 때 좀 더 잘 대응할 수는 없을까? 삶이란 의사결정과 집행의 연속이다. 좀 더 잘 결정하고 좀 더 잘 집행할 수는 없을까? 노자는 《도덕경》에서 '진실한 말은 아름답지 않고 아름다운 말은 진실하지 않다信言不美, 美言不信'고 말한다. 우리는 예쁘고 거룩한 어휘로 포장된 거짓말 앞에 기가 죽는다. 인생에 관한 거짓말에 속지 말고 감정의 인위적 조작에 넘어가지 말자. 관련된 모든 요인, 조건, 환경, 상황을 있는 그대로 볼 수 있어야 좀 더 잘 결정하고 좀 더 잘 집행할 수 있다.

전공과
직업에 관한
거짓말

좋아하고 잘하는 것에 속지 마라

자기 아이가 영화를 좋아해서 아무래도 영화 공부를 시켜야 할 것 같다고 말하는 학부모가 있다. 그런데 영화를 안 좋아하는 사람도 있나? 내가 아이가 게임을 좋아하지 않느냐고 물었더니 게임도 너무 좋아한단다. 그럼 게임개발자도 시켜야 할 것 같다고 말했더니 당황한다. 어떤 영화인이 자신은 영화를 만들고 있지만 좋아하는 것도 직업이 되면 재미없고 힘들다고 말한다.

자유전공학부 학생들은 압도적으로 경영학을 전공으로 선택한다. 경영학을 좋아하고 잘해서 선택하는 걸까? 좋아하고 잘하는 것만을 기준으로 전공이나 직업을 선택해도 될 만큼 세상은 그렇게 단순하지 않다. 어떤 여학생은 미술을 너무 좋아해서 미대에 지원하고 싶었지만 수학을 잘한다는 이유로 컴퓨터학과에 진학했다. 미술에 조예가 깊기 때문에 디자이너의 길을 갈 수도 있고, 전공대로 컴퓨터 전문가가 될 수도 있다. 좋아하고 잘하는 것이 일치하지 않는다면 무엇을 우선순위로 두어야 할까?

직업이나 전공을 선택할 때 흔히 '좋아하고 잘하는 것을 하라'고 말한다. 참으로 당연한 말이지만 사유와 성찰이 부족한 조언이라는 생각이 든다. 내가 좋아하고 잘하는 것을 전공이나 직업으로 선택하고 인생의 뒤안길에서 후회하지 않는다면 그 사람은 행운아이며 특권층이다. 좋아하고 잘하는 것이 아닌, 어떤 것이 내게 이익인가를 기준으로 전공이나 직업을 선택하는 젊은이들을 뭐라고 할 수 없는 세상이다. 우리 모두 이익에 혈안이 되어 살고 있으면서 직업이나 전공을 선택할 때 과연 이익을 외면할 수 있을까?

사람은 나이가 들면서 좋아하는 것도 달라진다. 나는 어떤 의사로부터 나이가 들수록 환자들의 병을 고쳐주는 일이 재미있다는 말을 들었다. 의대에 다닐 당시에는 전공을 잘못 선택했다며 많이 후회했다고 한다.

고등학교 3학년 때 좋아한 것이 겨우 5년 지속되고, 서른 살이 되었을 때 좋아한 것이 50년 지속된다면 무엇을 기준으로 전공을 선택해야 할까? 고등학교 3학년생이 정말 자기가 무엇을 좋아하고 잘하는지를 정확히 알 수 있을까? 나는 박사 학위를 마치고서야 비로소 내가 무엇을 좋아하고 잘하는지를 알았다.

어떤 사람은 서른 살이 될 때까지도 자기에게 사람과 잘 어울리는 재주가 있다고 생각했다. 학창 시절 친구도 많았고 얼핏 외향적으로 보이는 성격 탓이었다. 그는 서른 살이 되었을 때 비로소 자기가 사람과 어울리는 것을 별로 좋아하지 않고 혼자 일하는 것을 좋아한다는 사실을 깨달았다. 학창 시절의 대인관계와 사회생활에서의 대인관계는 다른 점이 많아서 내가 정말 대인관계가 좋은 사람인지 아닌지 쉽게 판단할 수 없다.

나는 음악을 정말 좋아한다. 지금도 음악을 듣는 순간이 제일 즐겁다. 나는 음악에 재능이 있다는 소리를 여러 번 들었고 나도 그렇게 생각한다. 말하자면 나는 음악을 좋아하고 잘한다. 내가 다시 태어나고 싶은 이유 중 하나가 피아노를 배우고 싶어서다. 하지만 나는 다시 태어나도 피아노는 배울지언정 절대 음악을 전공할 생각은 없다.

수많은 요인, 조건, 환경, 상황을 고려해 전공과 직업을 결정해야지, 좋아하고 잘한다는 기준만으로 직업이나 전공을 선택하기에는 우리가 살아가는 세상은 너무나 복잡하다. 사람마다 관련된 요인, 조건, 환경, 상황이 각기 다르니 한마디로 정답 없는 의사결정이지만 어떤 사람은 의사결정을 잘하고 어떤 사람은 의사결정을 그르친다. 의사결정을 잘하려면 제일 먼저 인생에 관한 거짓말에 속지 말아야 한다.

꿈보다 생존이 급급한 시대

언젠가 대학원생 여러 명과 대화를 나누었다. 그중 한 남학생에게 석사를 마치면 무엇을 할 거냐고 묻자, 군대까지 다녀온 그 학생은 뜻밖에도 잘 모르겠다고 대답했다. 학문의 길을 가겠느냐고 물었더니 석사를 해보아야 알겠다면서 "취업을 할 수도 있고요…"라고 말을 흐렸다.

나는 다른 학생에게도 같은 질문을 했는데 그 학생은 "저는 아직도 제가 뭘 좋아하는지를 모르겠어요"라고 대답하는 게 아닌가? 공부하는 게 좋아서 대학원에 온 게 아니었느냐고 물으니 취업, 학문의 길, 고시 공부를 놓고 고민하다가 일단 대학원에 들어왔다고 말했다. 그쯤에서 질문을 멈췄어야 했는데 나는 또 다른 학생에게 역시 같은 질문을 했다. 그는 "저는 꿈이 없어요. 아니… 제 꿈이 뭔지 아직도 모르겠어요"라고 대답했다.

2015년 11월 어느 날 나는 전주 시청 강당에서 정목 스님과 '좀 놀아본 언니'라는 닉네임의 사회자와 함께 젊은이를 위한 토크쇼를 진행했다. 나와 사회자를 포함한 세 사람이 젊은이들에게 들려주고 싶은 이야기를 한 뒤 젊은이들이 적어낸 고민에 각각 답변하는 시간을 가졌다.

많은 질문지 중 무작위로 여섯 개를 뽑아 답변을 했는데 놀랍게도 그중 두 개가 '꿈이 없다', '뭘 해야 하는지 모르겠다'는 진로에 관한 내용이었다. 여섯 명 중 두 명이니 3분의 1이 유사한 고민을 하고 있는 셈이었다.

그나마 굳이 고민을 적으라고 하니 3분의 1 정도였지, 아마 '꿈이 없는 사람?' 하고 물어보았다면 거의 대부분이 손을 들지 않았을까 하는 생각이 든다. 청춘들이 무엇을 해야 할지 모르는 시대, 꿈을 잃어버린 시대가 이미 시작되고 있는데 어른들만 모르고 있었다. 만약 이런 젊은이들에게 '우리는 예전에 안 그랬는데 요즘 젊은 애들은…' 하며 한탄한다면 정말 세상이 어떻게 돌아가고 있는지 눈곱만큼도 모르는 뒷방 늙은이나 꼰대가 된다.

전주 토크쇼에서 무엇을 해야 할지 모르겠다고 고민을 말한 학생에게 정목 스님이 그럼 무엇을 좋아하느냐고 물었더니, 그는 영화를 좋아하는 것 같다고 어물어물 대답했다. 영화를 좋아한다고 말하면 시답잖은 소리라며 야단이라도 맞을 것 같아 그랬는지는 모르겠으나 그 학생은 영화를 전공할 생각은 없어보였다. 요즘 젊은이들 중 음악 싫어하고 영화 싫어하는 사람도 있을까? 거기다 대고 좋아하고 잘하는 걸 하라고 말하는 것은 아무런 도움이 되지 않는다.

아무리 좋은 시절 다 지나갔다고 말한다고 해도 의사, 변호사, 교수 등의 직업군은 여전히 들어가기가 낙타 바늘구멍 뚫기다. 신의 직장이라고 말하는 공기업, 교직, 공무원은 경쟁률이 어마어마하다. 기업에 정규직으로 취업해도 젊은 나이에 퇴직할 가능성도 크다. 꿈은 고사하고 생존하기도 벅찬 세상이다.

많은 직업이 인공지능에 일자리를 뺏길 수 있다며 노동의 종말을 이야기하는 시대다. 모두가 일자리를 잃으면 정부가 제공하는 기본소득으로 먹고 살아야 하는 시대가 올지도 모른다. 스위스는 월 200만 원을 기본소득으로 제공하는 정책을 국민투표에 붙였는데 부결되었다. 언젠가는 기본소득이 현실로 다가올 것이다. 노동의 종말, 기본소득의 시대가 오면 우리의 꿈의 방향과 성격도 달라질 수밖에 없다. 당분간은 꿈보다 생존에 급급할 수밖에 없는 시대가 아닐까?

실패는 두려워하는 것이 맞다

어떤 학생이 날 찾아와 "실패를 두려워하지 말아야 할 것 같아요"라고 하기에 "난 내 자식한테 그런 말 못할 것 같은데…"라고 말해주었다. '실패를 두려워하지 말아야 한다'는 말은 사실 좋은 말이고 우리에게 용기를 주는 말이다. 그렇지만 대한민국은 그런 용기를 발휘할 수 있는 나라가 아니다. 실패를 두려워하지 말라, 실패는 성공의 어머니다, 실패에서 더 많은 것을 배운다… 식상할 정도로 많이 듣는 말이다. 실수까지 두려워할 필요는 없겠지만 실패는 엄연히 다르다.

기존의 법칙과 기준이 무용지물인 시대에는 어떤 일이든지 발생한다고 생각하고 살아야 한다. 지금은 불확실성의 시대를 넘어 초불확실성의 시대다. 비정상이 정상이 되는 '뉴노멀new normal' 시대에는 옳고 그른 것에 대한 기준도 바뀐다. 뉴노멀은 과거의 비정상이 정상이 되기에 과거의 비정상이 실현될 거라는 예측이 가능하지만 '뉴애브노멀new abnormal'은 아예 무슨 일이 생길지 예측할 수 없는 불확실한 상황이다.

우리가 살고 있는 오늘날은 뉴노멀의 시대를 넘어 뉴애브노멀의 시대라고 말한다. 상상할 수도 없는 일, 도저히 일어날 것 같지 않은 일이 일어나는 '블랙스완black swan'의 시대다. 정치, 경제만이 아니라 인간사도 뉴애브노멀인 시대다. 철석같이 믿었던 친구가 배반을 하고 피를 나눈 형제자매가 재산 때문에 서로에게 칼을 겨눈다.

실패를 걱정해야 하는 건 모험 앞에서다. 혹시 내면의 목소리에 귀를 기울이다가 자신의 욕망이 결합된 몽상을 계시나 운명 정도로 생각하고 있지는 않은지 반문할 일이다. 오뚝이처럼 살 자신도 없는 사람이 실패하면 오뚝이처럼 일어나면 된다고 착각하는 일도 없어야 한다.

유튜브 공동 창업자 스티브 첸Steve Chen은 사업에 뛰어들기 전 온갖 가능성을 염두에 두고 그것들을 일일이 종이에 적어 계산하고 실행 가능 여부를 점검한 뒤 스스로 확신했다고 한다. '실패를 두려워하지 말라'가 아니라 '실패할까 봐 두려워서' 계산에 계산을 거듭한 것이다. 그는 자기 자식에게 창업의 가시밭길에 도전하라고 조언할지는 아직 결정하지 못했다고 말한다.

실패를 두려워하라는 말은 창업이나 모험을 하지 말라는 말이 아니다. 스티브 첸의 말처럼 실패의 두려움을 극복할 수 있도록 사유와 성찰의 단계에 도달할 만큼 충분히 그리고 깊이 고민하고 점검하라는 말이다.

우리나라는 패자부활전이 없는 사회다. 미국은 패자부활전이 있는 나라, 사업하기 좋은 나라다. 흑인가에서 쌍권총을 차고 사업을 시작해 성공한 미국 교포가 있다. 심지어 서울의 명문 대학 교수가 슈퍼마켓을 하는 경우도 보았다. 그들은 한국에서라면 사업할 엄두도 못 냈을 거라면서 미국은 사업하기 좋은 나라라고 했다. 하지만 패자부활전이 없는 대한민국에서는 실패를 두려워해야 한다.

실패는 두려워해야 하지만 인생의 작은 실수까지 두려워할 필요는 없다. 데이트 신청을 했다가 거절당했다고, 자기소개를 생뚱맞게 했다가 분위기를 싸늘하게 만들었다고, 이상한 아이디어를 냈다가 상사한테 면박을 받았다고, 웃기려고 했다가 오해받았다고 창피해 할 필요는 없다. 작은 실수까지 피하려고 하다가는 삶도 피곤하고 회피한 손실보다 놓친 이익이 더 크다. 하지만 모험 앞에서는 실패를 두려워해야 한다.

이익의 극대화 혹은 손실의 최소화

봉급생활자가 1억 원을 모으려면 10년 혹은 거의 평생 걸리지만 1억 원을 잃는 것은 순식간이다. 특히 중요한 일에는 이익의 극대화보다 손실의 최소화가 필요하다. 은퇴 후 평생 모은 퇴직금을 사기당하거나 잘못된 투자로 모두 날려 노후 빈곤층으로 전락하는 사람이 한둘이 아니다. 요즘 젊은이들을 보고 모험심과 패기가 없다고 한탄하지만 모험심과 패기만으로 이익을 추구할 때가 아니다. 내가 가진 것을 잃거나 치명적 손실로 생존의 위험에 빠지지 않도록 조심해야 한다.

자칫 젊은 시절에 남의 말만 듣고 모험을 시도했다가 비참한 노후를 보내는 사람을 여럿 보았다. 훌쩍 떠나라는 말이 한때 유행이던 적이 있다. 서울에 있던 아파트를 팔고 직장에 사표를 낸 뒤 유학을 떠나 석사를 취득하고 돌아와 보니 박사가 아니면 학계에 발붙이기도 힘들고, 회사 취업은 꿈도 못 꾸게 되자 대리운전으로 살아가는 안타까운 사연도 있다. 이건 실화다. 무엇보다도 싸게 팔아치운 아파트는 다시는 살 수 없는 수준으로 값이 치솟았다. 팔지 않고 가지고 있었더라면 든든한 노후 대책이 되었을 텐데 그것마저 놓쳤다.

모든 게 극단으로 치닫는 세상이다. 중요한 일에 있어서 놓친 이익이 우리에게 치명상을 입히지는 않지만 입은 손실은 나에게 치명상을 입힌다. 공무원 시험을 보기 위해 노량진으로 모여드는 젊은이들을 탓할 수 있을까? 인공지능, 로봇, 뉴애브노멀, 블랙스완의 시대는 복잡성과 변화로 점철된 초불확실성의 시대이므로 내게 언제, 무슨 일이 닥칠지 모른다. 내가 가진 자산을 잘 지켜야 위기의 순간에 보호받을 수 있다.

대한민국의 시장자본주의는 천민자본주의 풍조가 만연해서 돈 버는 즐거움보다 잃는 고통이 비교할 수 없을 만큼 크다. 항상 최악의 경우를 염두에 두고 살아날 길을 모색하고 대비해놓으면 그 최악의 경우는 내가 감당할 수 있는 사건으로 바뀐다. 최악의 경우에도 대처 방법이 있다면 어떤 스트레스와 공포에도 담담하고 차분하게 있는 그대로를 관망하며 물 흐르듯이 최선을 다할 수 있다. 스스로 최악의 상황에서도 생존할 수 있는 방안이 있고 모험을 기꺼이 감수할 수 있다면 모를까 그렇지 않다면 손실 최소화 전략이 필요하다.

대한민국이 모험하기 좋은 나라로 바뀔 때까지는 욕망에 사로잡혀 자칫 시대착오적인 호연지기를 발휘하지 말고 한 단계 한 단계 발전을 꿈꾸어야 한다. 대한민국은 실패를 두려워해야 하는 나라다. 손실 회피보다 이익 극대화를 추구하려면 그에 걸맞은 노력과 끈기를 가져야 한다. 그럴 자신이 없다면 손실 최소화가 이익 극대화보다 낫다. 이익 극대화가 적합할지, 손실 최소화가 적합할지는 관련된 요인, 조건, 환경, 상황에 달려 있다. 나 자신이 과연 이익 극대화가 적합한 사람인지, 손실 최소화가 적합한 사람인지 사유하고 성찰하자.

그러기 위해서는 먼저 자신을 과소평가하지도 과대평가하지도 말고 있는 그대로 보아야 한다. 실패를 지나치게 두려워하다간 일생일대의 기회를 놓친다. 너무 안전 제일만을 고집하다 보면 자신의 능력마저 발휘하지 못한다. 실패를 두려워하지도, 두려워하지 않지도 말고 있는 그대로 보자. 긍정과 부정, 낙관과 비관 등의 이분법에 빠지듯이 실패에 관해서도 우리는 두 가지밖에 모른다. 양극단을 떠난 중도란 실패를 적당히 두려워하는 게 아니다. 관련된 모든 요인, 조건, 환경, 상황을 고려하면서 나와 세상을 있는 그대로 보는 게 중도다. 있는 그대로 보았는데도 모험할 만하면 모험해도 된다.

먹고사는 일과 이익이 세상을 지배한다

'대학은 세상에서 가장 아름다운 곳이다'라는 말을 들었을 때 맞는 말이라고 생각했다. 코로나19 전에는 방학 때도 캠퍼스는 젊은이들의 낭만으로 아름다웠다. 도서관에서 열심히 공부하는 대학생을 보면 누구나 젊은 시절로 돌아가고 싶어 한다. 허나 도서관에 가득한 젊은 열정이 학문의 탐구라기보다 대부분 취업 준비라는 사실을 알면 아름다운 캠퍼스가 일시에 타락한 느낌이 든다. '학문의 전당이 취업 학원으로 변질되다니…'라는 한탄이 절로 나올지 모른다.

과거에도 대학은 학문의 전당이 아니라 취업을 준비하는 기관에 불과했다. 조선시대의 선비도 과거 시험에 급제하기 위한 취업 준비로서 공부했지 학문 그 자체를 추구한 경우는 예외적이었다. 이숙인 박사에 의하면 1558년 명종 때, 생원회시에 출제된 책문은 "우리나라 교육제도의 문제점과 개선 방안을 논하고, 교육의 궁극적인 목적과 인재를 양성하는 방법에 대해 논하라"는 것이었다. 최고의 답안지를 낸 조종도는 "교육이 글을 외고 읊으며 글과 문장을 다듬어 과거에 응시하고 녹봉을 구하는 방법이 되고 말았다"고 진단했다. 다산 정약용은 "과거 공부에만 전념하고 도의道義를 강론하지 않기 때문에 신뢰가 없는 세상이 되었다科擧爲主而道義不講信義乖矣"는 편지를 아들에게 보냈다.

유럽에서 몇 백 년 전에 등장한 초기 대학은 오로지 학문의 전당이어서 유지된 게 아니라 졸업 후 좋은 곳에 취업이 되었기에 계속 성장할 수 있었다. 미국 명문 대학도 철저하게 돈에 의해 움직이므로 돈벌이가 힘든 인문학에 비해 돈을 잘 벌 수 있는 의학, 법학, 경영학, 공학 계열이 인기도 좋고 재정도 풍부하다. 학문 중의 학문이라는 물리학도 정부와 기업의 지원 여부에 따라 인기 있는 분야가 등장하고 사라지기를 반복한다. 연구비가 지원되지 않으면 아무리 기초 분야라도 연구가 더 이상 진척되지 못한다.

대학은 학문의 전당이 될 수 없다. 인간은 언제나 먹고살기 위해 공부했다. 로마 시대에도 그리스인 가정교사는 가장 비싼 월급을 받았고, 교육은 학문 추구가 아닌 출세가 목적이었다. 그저 돈과 권력에 관심이 없는 소수의 뛰어난 학자가 몇 명 있다고 해서 대학이 학문의 전당이 되는 것은 아니다. 학문의 길을 가겠다는 소수의 학생이 있지만 대학 교수나 연구원으로 취업하겠다는 것이니 결국 취업이 목표다.

코로나19로 기업의 모집 공고가 대폭 줄었다. 운 나쁘게 이런 시기에 졸업하는 젊은이들에게는 코로가19가 종료되고 경제가 회복되어도 취업 기회는 오지 않는다. 경제가 회복될 시점에 졸업하는 젊은이들에게 우선적으로 취업 기회가 제공되기 때문이다. 이들에게 '대학은 학문의 전당'을 운운하면 얼마나 설득력이 있을까? 세상의 모든 것은 인간의 생존에 초점이 맞추어져 있다. 대학은 먹고사는 일을 해결해주기 위한 취업의 전당이 될 수밖에 없다. 어디 대학뿐일까? 예술가 집단, 종교 단체에 이르기까지 인간이 활동하는 모든 분야는 먹고사는 일과 이익이 주도한다. 이익이 인간사와 세상사를 지배한다는 사실을 망각하면 인간과 세상의 본질을 이해하지 못하는 것이다.

꿈과
소망에 관한
거짓말

간절한 소망만으론 어림없다

어떤 수험생이 고려대학교에 입학하는 것이 자신의 간절한 소망이라고 이야기했다. 자신의 꿈을 어떻게 펼치겠다는 구체적인 계획까지 있었지만 그 수험생은 고려대학교에 합격하지 못했다. 많은 수험생이 더 이상 간절히 소망하라고 말할 수 없을 만큼 간절히 소망하지만 오직 소수만이 명문대에 입학한다. 뇌과학자 한나 크리츨로우Hannah Critchlow는 '꿈을 꾸면 꿈이 현실이 된다'는 말에 대해 의문을 표시한다. 대한민국의 입시 지옥 환경에서 그 어떤 수험생이 간절히 소망하지 않겠는가. 부모까지 간절히 소망하니 말 그대로 입시 지옥이 되는 게 아닐까?

매년 지방에서 전세 버스를 타고 고려대학교 캠퍼스를 방문하는 수험생들이 제법 있다. 나는 여러 명의 수험생을 만났다. 많은 성공학 책들이 꿈의 현장에 직접 가서 보면 자신의 소망이 더 잘 이루어진다고 말한다. 입시에 합격한 극소수에게 간절히 소망했느냐고 물으면 그렇다고 답한다. 낙방한 수험생에게는 아예 물어보지도 않는다.

언젠가 창업을 꿈꾸는 젊은이들의 모임에서 강연을 한 적이 있다. 수백 명의 열기가 뜨거운 가운데 나는 론다 번의 베스트셀러 《시크릿》을 비판했다. 간절히 소망하면 이루어진다는 게 말이 되느냐는 비판이었는데, 10년도 지난 일이지만 물을 끼얹은 듯이 고요해지던 그때의 침묵이 아직도 생생하다. 그것은 감동의 침묵이 아니라 반발의 침묵이었다. '창업천국' 미국에서도 창업은 극소수만이 성공하는데 우리나라처럼 열악한 창업 환경에서 발버둥치는 젊은이들에게 '간절히 소망하면 이루어진다'는 메시지는 의지가 될 수밖에 없다. 내가 그런 꿈과 희망의 메시지를 모독했으니 반발은 당연했다. 강연이 끝나고 질의응답 시간에 어떤 젊은이가 내 말에 마구마구 반발하고 싶었다고 고백했다.

수많은 자영업자, 수많은 창업자, 수많은 수험생이 매일매일 성공하게 해달라고 간절히 소망한다. 모두가 간절히 소망했으니 그중 성공한 극소수 또한 당연히 간절히 소망한 사람 중 한 명이다. 간절히 소망하면 분명 조금은 도움이 된다. 하지만 너 나 할 것 없이 모두가 간절히 소망하는 영역에선 간절히 소망하는 것만으로는 한없이 부족하다. 그것은 차별화된 전략도 아니며, 해보면 알겠지만 달라지는 게 하나도 없다.

어떤 학생이 자기는 학문의 길을 선택하면 석학이 될 자신이 없어서 취업을 하겠다고 하길래 그럼 취업하면 사장이 될 자신이 있느냐고 했더니 당황한다. 회사에 취업하면 꿈을 이룬다기보다는 먹고사는 일로 전락한다고 생각해서 그런 걸까? 많은 학생이 취업으로 방향을 선회하면 사장, 부사장, 전무, 상무는 꿈도 꾸지 않는다. 자영업자, 창업자, 수험생처럼 구체적으로 간절히 소망하는 직장인은 드물다. 이런 영역에서는 간절히 소망하는 사람과 그렇지 않은 사람 간에 분명한 차이가 존재한다. 구체적이고 간절한 소망은 차별화된 전략이며 노력을 유발할 것이다. 하지만 이런 경우라도 간절히 소망하는 것 이외에 무언가 더 필요하지 않을까?

꿈과 소망에 관한 성공학 책을 읽어본 독자들이 꽤 많을 거라고 생각한다. 책을 읽지 않았어도 '간절히 소망하면 이루어진다'는 말은 귀가 따갑도록 들어보았을 거다. 삶이 너무 힘들고 지푸라기라도 잡고 싶은 사람들에게 이런 조언은 분명 위로와 힘을 준다. 하지만 얼마나 도움이 될까에 대해서는 냉정하게 생각해보아야 하지 않을까? 간절히 소망해 꿈을 이룰 자신이 있다면 지금이 책을 구태여 읽을 필요가 없다. 간절히 소망하는 것만으로는 무언가 부족하다고 생각한다면 이 책이 도움이 될 것이다.

성공학은 패스트푸드다

론다 번의 저서 《시크릿》은 우리나라에도 번역 출간된 전 세계적인 베스트셀러다. 이 책은 간절히 소망하면 우주가 화답한다는 식의 논리를 내세운다. 책에 소개된 사례를 하나 소개하자면 간절히 소망했더니 며칠 뒤에 계약하자는 연락이 왔다는 것이다. 클라우드 M. 브리스톨의 《신념의 마력》이라는 책은 신념을 성공의 열쇠로 강조한다. 《성공의 법칙》으로 유명한 나폴레온 힐은 《부자의 사고법》에서 "나는 1년에 10만 달러를 벌 것이다"라는 구체적 목표를 세웠더니 6개월도 지나지 않아 한 기업 총수가 연봉 10만 5200달러를 제안했다고 말한다. 우리나라의 베스트셀러 중에도 이런 종류의 책이 있다.

한두 가지 성공 요인의 강조가 사람의 관심을 끄는 이유는 인간의 게으름 때문이다. 진화 과정에서 인간은 게으른 쪽으로 기울어지게 되어 있다. 성공을 위해 많은 요인, 조건, 환경, 상황의 뒷받침이 필요하다고 하면 사람들은 이내 실망한다. 노력, 능력, 운, 수많은 시간, 적응력, 불굴의 의지, 인내심, 아이디어, 창의성, 판단력, 균형 감각, 인간관계 등은 언급하지도 말아야 한다. 대신 한두 가지만 하면 된다고 해야 귀찮은 건 딱 질색인 현대인에게 인기가 좋다. 여러 가지 요인을 나열하더라도 간절한 소망을 강조해야 사람들이 솔깃한다. 그러나 삶은 그렇게 단순하지 않다.

어떤 농부는 항상 남보다 노력하며 농사법을 연구했다. 더 많이 수확하면 일부를 모아 땅을 샀다. 그렇게 점점 재산을 불려나가 마을에서 제일 큰 부자가 되었다. 인구 대부분이 농사를 짓던 시절에는 부모로부터 땅을 많이 물려받으면, 체력이 좋아 더 많은 노동을 할 수 있으면, 머리가 좋아 새로운 농사법을 발견하면, 운이 좋아 지주를 잘 만나면, 기후가 연달아 농사에 유리하면 잘 살 수 있었다. 과거의 단순했던 농경사회도 이렇게 여러 가지 요인, 조건, 환경, 상황이 복합적으로 작용하는데 전 세계가 연결되어 있는 오늘날과 같은 세계화 시대에 성공이란 얼마나 더 많은 것을 필요로 할까? 한두 가지 조건이 성공을 결정할 수 없는 시대다. 과거에도 그랬고 지금은 더욱 그렇다.

나는 버클리대학교에서 경영학 박사 학위를 받았고, 텍사스대학교(오스틴 캠퍼스) 경영대학원과 고려대학교 행정학과에서 교수로 임했다. 많은 사람이 나를 두고 성공했다고 말한다. 하지만 누가 나에게 성공 요인을 묻는다면 간절히 소망했다고, 신념을 가졌다고 말하지는 않을 거다. 둘 다 사실이지만 어떻게 그게 나의 성공 요인이라고 말할 수 있겠는가. 사실이지만 거짓말이나 다름없는 이야기다. 나와 같은 길을 걷던 박사과정 학생 중 성적이 나빠 혹은 박사 자격시험에 떨어져 중도에 그만둔 경우가 있었다. 그들은 내가 자신들보다 더욱 간절히 소망했고 더욱 신념이 있었다고 생각할까?

박사과정을 위해 미국으로 유학을 가는 나의 제자들은 거의 대부분이 자신들이 잘해낼 수 있을지 걱정한다. 나는 그들에게 간절히 소망하면 된다고, 신념을 가지면 된다고 말하지 않는다. 꿈을 꾸는 게 분명 도움은 되지만 그밖에도 다른 요인, 조건, 환경, 상황들이 너무나 많이 필요하기 때문이다. 누구나 간절히 소망하기에 간절한 소망은 상대적으로 덜 중요한 요인처럼 느껴진다. 내가 유학길에 오르는 그들에게 간절히 소망하면 이루어진다고 말한다면 '참 맞는 말씀이지만 아무 도움이 안 되네요'라고 생각할 거다. 미국으로 유학까지 가면서 간절히 소망하지 않는 학생이 있을까? 그들은 보다 도움이 되는 조언을 필요로 한다. 내가 그들에게 간절히 소망하면 이루어진다고 말할 수 없는데 어떻게 이 책에서 그렇게 말할 수 있겠는가.

꿈의 과정과 방법, 자질까지 검증하라

서울대 정원이 지금의 절반도 안 되던 시절에 내 동기들이 서울대에 120명 정도 합격했다. 그런 면에서 본다면 나는 명문고 출신이 맞다. 하지만 나는 음악과 미술만 점수가 좋고 나머지 과목엔 도대체 흥미가 없어서 성적이 엉망이었기에 서울대 '준비반'이 아닌 소위 말하는 '돌반(돌머리반)' 소속이었다. 그래도 원하는 학과를 조사하는 설문에서 우리 반의 거의 전부가 서울대학교 법대, 경제학과, 경영학과를 적어 넣었고 나도 그랬다. 입시를 코앞에 두고서도 우리는 대부분 비현실적인 꿈을 꾸고 있었다. 어느 메가스터디 강사에 의하면 수험생의 상당수가 명문대 입학을 목표로 공부하지만 막상 원서를 접수할 때가 되면 비명문 대학교를 지원해야 하기에 오히려 손해를 본다고 한다.

꿈을 꾸려면 꿈이 가져올 결과만 상상하지 말고 꿈 자체, 과정과 방법, 꿈을 이루기 위해 필요한 바람직한 자질도 상상해야 꿈을 검증하고 비현실적인 꿈을 피할 수 있다. 과학자 중에는 실제로 잠을 자다가 꿈속에서 새로운 방법을 발견해 위대한 업적을 이룬 경우가 있다. 만약 과학자가 결과만 상상했다면 학술상을 수상하는 꿈을 꾸거나 좋은 대학으로 이직하는 꿈을 꾸었을 거다. 연구 과정과 방법에 대해 상상했기에 새로운 실험 방법을 발견하는 꿈을 꾼 거다.

첫째, 내가 꾸는 꿈이 과연 적합한지, 너무 쉽지도 너무 어렵지도 않은 창조적 긴장을 유발할 수 있을 정도인지 사유하고 성찰하자. 상상이 아니라 사유하고 성찰해야 한다. 생각하는 힘이 약하면 명문대를 향한 자신의 꿈이 과연 적절하고 합당한지 판단하기 어렵다.

둘째, 꿈을 이룰 과정과 방법이 있는지, 있다면 과연 그것이 현명한지 사유하고 성찰하는 단계다. 단순한 상상에 그칠 것이 아니라 실행에 관한 구체적인 시나리오를 상상해야 한다.

셋째, 꿈을 이루기 위해 필요한 바람직한 자질을 상상하자. 인간은 틈만 나면 게으른 쪽으로 기우는 경향이 있기에 꿈의 결과만 상상하면 노력하기는커녕 게을러질 가능성이 있다. 따라서 부자가 되어 좋은 집을 사고 좋은 차를 사는 상상보다 부자가 되려면 어떤 자질이 필요할까를 상상하는 게 더 좋다.

맹자도 "군주로 태어나서 군주로서 말하고 행동하니 군주답지 않을 수 있는가"라고 말하지 않았던가. 생각, 말, 행동이 우리를 만든다. 부자가 되려면 어떤 생각을 하는 사람, 어떤 말을 하는 사람, 어떤 행동을 하는 사람이 될 것인가를 상상해보자. 부자의 자질은 논하기 어렵지만 돈을 벌어 떵떵거리며 사는 결과를 꿈꾸기는 쉽다. 부자의 자질에 대해서는 생각도 안 해보고 부자가 되는 꿈만 꾼다면 과연 그것이 이루어지겠는가.

무슨 일이든지 사후에 회고하면 정직한 부자도 성공의 비결을 착각한다. 정직하지 않은 부자는 자신의 성공을 미화하기 위해 그럴싸한 스토리를 엮어낸다. '할 수 있는 사람은 하고, 할 수 없는 사람은 가르친다'는 말이 있다. 하지만 부자의 비결은 부자한테 묻는 것보다 객관적 입장에서 관찰한 제3자에게 묻는 게 더 나을 수도 있다. 부자의 비결을 상상해보자.

부자가 되기 위해 필요한 방법과 자질은 제쳐놓고 부자가 되어 고급 아파트, 스포츠카, 명품을 사는 장면만 떠올리는 게 평범한 사람의 상상이다. 부자는 평범한 사람의 상상이 아니라 비범한 사람의 상상에서 나온다. 부자가 되기 위해 필요한 방법과 자질을 상상하려면 부자가 되기 위해 필요한 자질이 무엇인지를 고민해야 한다. 그 정도의 고민도 하지 않고 부자가 되겠다는 것은 도둑놈 심보다.

창조적 긴장을 유발할 정도 이상의 꿈은 꾸지 말 것

위대한 경제학자 케인스John Maynard Keynes는 매일 아침 일어나 신문을 읽으며 어떤 주식을 사고팔지를 생각했다. 그는 주식 투자란 미인대회와 같다고 말한다. 내가 미인이라고 생각하는 사람이 아니라 많은 사람이 미인이라고 생각하는 사람이 우승한다는 것이다. 그는 신문을 보면서 다른 사람의 생각을 읽고 주식을 사고팔아 많은 돈을 벌었다. 케인스는 당시 유명한 한 여성 연극배우에게 계속 꽃을 보냈는데 그 열렬한 구애 끝에 미인과 결혼했다. 학자는 돈을 벌지 못한다고 하지만 그는 많은 돈을 벌었고 당대의 미인과 결혼까지 했으니 부러움을 살 만하다. 누구든지 케인스 같은 원대한 꿈을 꾸어도 될까? 하지만 우리는 스티브 잡스도 케인스도 아니다.

성공학을 옹호하는 사람들은 '꿈을 꾼다고 해서 노력하지 말는 게 아니다. 꿈을 꾸면 더 노력하게 된다'고 말한다. 결국 노력이 성공의 요인이라는 주장이다. 그렇게 직접적으로 노력해야 성공한다고 《시크릿》이나 《신념의 마력》에 쓰여 있다면 과연 그 책들은 몇 부나 팔렸을까? 간절히 소망하기보다는 간절히 노력하는 게 더 현실적인 조언이지만 독자는 이런 조언을 좋아하지 않는다. 게다가 대부분의 사람들이 노력하기엔 엄두도 안 나는 어마어마한 꿈을 꾼다.

부자가 되는 꿈을 꾸었더니 부자가 되었다는 사례는 몇 명 되지 않는다. 성공학은 도대체 어떤 샘플을 조사했는지 의문이다. 렌달 존스Randall S. Jones는 미국에서 부모로부터 물려받아 부자가 된 경우가 아닌 자수성가 부자 100명을 조사한 뒤 다음과 같이 말한다. "부자가 되려면 돈을 좇아야 한다고 생각하기 쉽지만, 부자는 돈이 아니라 가치를 추구하라고 조언한다." 세상을 위해 가치 있는 일을 할 때 돈은 자연스럽게 따라온다는 것이다. 골드만삭스 회장 짐 오닐Jim O'Neill은 "지금까지 수없이 많은 억만장자를 만나보았지만, 오로지 부자가 되고 싶은 욕망으로 시작한 사람은 한 명도 없었다"고 말한다. 성공학의 주장과 정면으로 배치되는 이야기다.

결국 부자가 되고 싶으면 부자가 되기를 간절히 소망하면 안 되고 가치 혹은 다른 소중한 것을 추구해야 한다. 하지만 가치 운운하면 사람들은 금방 지루해한다. 조금이라도 불편한 기계는 사지 않는 현대인에게 진지한 조언은 안 먹힌다. 그렇게 하면 벌써 공부하는 분위기라 대부분 피곤해한다. 나 같으면 '어떻게 하면 고객에게 싸고 좋은 물건을 공급할 수 있을까'를 밤낮으로 꿈꾸라고 조언하고 싶다. 부자가 된다는 게 얼마나 엄청난 꿈인지 생각해보자. 밤낮으로 싸고 좋은 물건을 만들고자 고민하는 게 더 좋은 방법이 아닐까?

여의도 증권가의 한 고수는 주식으로 정기예금 이상의 수익을 올리는 게 매우 어렵다고 말했다. 대박 나기를 꿈꾸다가는 욕심으로 인해 실패할 위험이 다분하다. 머리가 좋은 사람은 성격이 불안정해 주식 투자에서 성공할 확률이 낮고, 남성보다는 안정적 성격의 여성이 주식 투자를 더 잘한다는 조사도 있다. 주식과 맞지 않는 성향을 가진 사람의 주식 투자와 자신의 실력과 성적은 아랑곳하지 않은 채 명문대에만 초점을 맞춘 입시 전략은 꿈을 꿀수록 손해다. 간절히 소망하라는 조언은 허황된 꿈을 꾸게 할 위험이 다분하다.

성공할 확률이 지나치게 낮으면 결국 포기하게 되고, 너무 높으면 무사안일에 빠질 위험이 있다. 쉽지도 않지만 어렵지도 않은 창조적 긴장creative tension을 유발하는 수준 이상의 꿈을 소망하는 것은 아주 예외적인 경우가 아니면 말리고 싶다. 손정의는 성공 확률 50%에 투자하는 사람은 바보이며 자기는 70%에 투자한다고 했다. 당신은 어떤 사람인가?

차라리 게으르면 자산과 에너지가 절약된다

오래전에 TV에서 어떤 일본 엔지니어의 인터뷰를 본 적이 있다. 그는 HD TV(고화질 TV) 기술을 개발한 엔지니어다. 일본은 처음 그 기술을 개발하면서 디지털 HD TV 기술을 개발할 것인지, 아날로그 HD TV 기술을 개발할 것인지를 놓고 고민했다. 그러다가 당시에 모든 가정이 아날로그 TV를 가지고 있었기에 아날로그 HD TV 기술을 개발하기로 결정했다. 10년 만에 기술 개발에 성공했지만 시대는 이미 디지털로 전환되어 아날로그 기술은 쓸모가 없어졌다. 그 엔지니어는 "지난 10년 동안 죽을 고생을 다해 기술을 개발했다. 하루에 도시락을 두 개씩 싸가지고 출근했다. 모든 것이 허사가 되어버렸다. 이제 다시 시작하는 수밖에 없다"라고 한탄했다.

삼성경제연구소에서 리더십에 관한 재미있는 표현을 만들었다. '똑게가 멍부보다 낫다'라는 것이다. '똑똑하고 게으른 리더가 멍청하고 부지런한 리더보다 낫다'라는 의미다. 오늘날은 '할 수 있다'는 정신으로 멍청하게 밀어붙이는 리더보다는 현명하게 시대의 흐름을 읽고 좌표를 잘 설정하는 게으른 리더가 더 바람직하다.

물론 똑똑하고 부지런한 리더가 최고다. 나는 군복무 시절 '멍부' 지휘관 밑에서 일한 적이 있었는데 부지런하고 성실하며 군인 정신이 투철한 그 지휘관이 방향을 잘못 잡고 부하를 얼마나 힘들게 했는지 지금도 생생하게 기억하고 있다. 그는 항상 자신이 아무 것도 없던 과거 군대 시절에 힘들게 성취한 성공 사례를 자랑스레 말하곤 했다. '안되면 되게 하라'는 말은 그의 전유물이자 대한민국의 구호였다.

꿈이 잘못된 방향으로 향하면 그 이후의 노력은 모두 허사다. 돈과 에너지만 축낸다. 꿈꾸는 것은 분명 성공에 도움이 되지만 꿈만 꿀 게 아니라 꿈 자체도 사유하고 성찰해야 한다. 꿈 자체를 사유하고 성찰하면 꿈의 방향이 올바른지 점검할 수 있다.

교수를 그만두고 전업 투자로 수백억 원을 번 카이스트 화학과 김봉수 교수의 고백이다. "우리 시대에는 사회가 노벨상을 강요한 면이 있다. 사회는 의대보다 과학자를 추천했는데 이공계를 택한 이들은 지금 많이 후회한다. 또 교수 일이 힘들어 딸들에게 신경 쓸 시간이 없었다. 20년간 주말 없이 자정까지 일하며 석·박사 학생들을 졸업시켰다. 그렇게 살다가 48세에 경제적 이유로 본격적인 투자를 시작했다."

이공계에서 의대 출신보다 더 나은 성공을 이룰 확률은 매우 낮다. 극소수의 성공 사례를 자기 꿈으로 삼아 수많은 인재가 이공계를 가고 결국 후회한다. 의대는 안정된 길이지만 과학자의 길은 도박의 길이다. 우리 사회는 의사에게 더 유리한 세상을 만들어놓고 개인에게는 과학을 위해 희생하라고 말한다.

노벨상처럼 지나치게 어려운 꿈은 방향이 잘못 정립된 꿈이다. 노벨상은 아름다운 꿈이지만 대다수의 학자에겐 지나치게 비현실적인 꿈이다. 그저 묵묵히 연구하다 보니 노벨상을 받게 되는 게 자연스럽지, 노벨상을 목표로 이과에 진학한다면 비현실적이다. 어쩌면 꿈의 방향이 노벨상을 향하는 것보다 의대를 향하는 게 나을지도 모른다.

우리나라의 현실을 들여다볼수록 왜 학생들이 의대를 가려고 하는지 이해가 된다. 게다가 의사의 사회적 지위도 과학자보다 더 높다. 과학자가 노벨상을 받지 못해도 의사만큼 살 수 있는 사회여야 이공계를 선호한다.

돈과
이익에 관한
거짓말

누구나 돈을 좋아한다

20대가 가장 후회하는 것은 무엇일까? 학창 시절에 좀 더 열심히 '공부 좀 할걸'이다. 30대가 가장 후회하는 것도 마찬가지로 '공부 좀 열심히 할걸'이다. 그렇다면 40대는? 이변은 없다. 40대가 가장 후회하는 것도 '공부 좀 열심히 할걸'이다. 도대체 공부에 대한 후회는 몇 세까지 계속되는 걸까? 50대가 되면 남녀의 후회가 약간 달라진다. 50대 여성은 '내 자식 공부 좀 더 시킬걸'이고, 남성은 역시 '공부 좀 더 할걸'이다. 50대까지 한국 남녀는 모두 공부에 관한 후회를 하다가 60대에 들어서면 '젊었을 때 좀 더 돈을 벌걸'로 바뀐다. 미국 노인의 후회 1위도 '젊어서 저축 좀 할걸'이다.

나이가 들수록 돈이 최고라고 말하는 사람의 수가 압도적이다. 아니 거의 대부분이다. 우리나라 노인 빈곤율이 OECD 1위여서일까? 죽음을 앞두면 진실을 말한다고 한다. 주변의 노인들이 한결같이 돈이 최고라고 말하니 우리는 이 말을 새겨들어야 한다. 돈이 최고가 아니라는 말은 믿을 게 못된다.

OECD 34개국 중 노인의 상대적 빈곤율과 자살률에 있어서 한국이 1위다. 우리나라 국민의 상당수가 삶의 마지막 10년을 병과 가난 속에서 보낸다. 한국은 건강수명이 평균수명에 비해 유난히 짧은 나라다. 즉 병상에 누워 죽음을 맞이하는 기간이 길다. 봉급생활자의 평균 퇴직 연령은 50대 초반인데 현대는 100세 시대에 접어들었다. 젊은 시절 돈을 벌어놓지 않으면, 은퇴 후 나머지 50년 동안 매우 비참한 삶을 살아야 한다.

미혼 남녀를 대상으로 조사한 결과 행복의 가장 중요한 요소는 경제적 안정이었다. 두 번째는 건강, 세 번째는 직업에서의 성공이었다. 남녀를 막론하고 노년기의 고민은 1위가 건강, 2위가 경제 문제였다. 한국은 자살률 세계 1위 국가인데, 여성보다 남성의 자살률이 두 배 이상 높다. 나이가 들수록 자살률이 급등하며, 남성의 경우 경제적 어려움이 자살의 가장 큰 원인으로 꼽힌다. 부모의 재산과 자식의 방문 횟수 간 상관관계가 가장 높은 국가가 한국이다. 부모의 재산이 많을수록 자식이 더 자주 찾아간다니 우리나라에서는 돈이 효자다.

어느 설문조사에 따르면 고등학생 절반가량이 '10억 원이 생긴다면 교도소에 가도 괜찮다'고 응답했다. 초중고생에게 '인생에서 가장 추구하고 싶은 것이 무엇이냐?'고 물었을 때 돈이 압도적 1위를 차지했다. 학년이 올라갈수록 돈을 선택하는 비율도 증가했다. 《녹색평론》에 의하면 서울대학교 학생을 대상으로 부모가 언제 죽으면 좋겠느냐는 물음에 63세라는 답변이 가장 많았다. 은퇴해서 퇴직금 남겨주고 바로 죽는 게 좋기 때문이라는 섬뜩한 답변이다. 서울에 사는 대학생에게 '아버지한테 원하는 게 무엇이냐'고 설문조사를 했더니, '돈밖에 없다'는 답이 40% 이상 나왔다. 전국 20세 이상 39세 이하 미혼 남녀를 대상으로 행복의 조건을 묻는 설문조사에서는 1위가 경제력, 2위가 건강, 3위가 이성과의 사랑이라는 결과가 나왔다. 모두가 돈을 좋아하면서 아직도 우리는 돈이 최고가 아니다, 전부가 아니다라고 말한다.

즐거운 것, 소중한 것 모두 돈으로 살 수 있다

공부를 잘하면 좋은 대학교에 가서 평생 우려먹을 수 있는 학벌을 갖게 되니 대학 입학은 제2의 탄생이다. 어떤 부모에게서 태어나는가 하는 것 못지않게 어떤 대학에 입학하는가가 평생을 따라다니기에 대학 입학을 제2의 탄생이라고 부른다. 명문대 출신은 곳곳에서 인정받는다. 연애할 때도 그렇고 심지어 직장생활도 유리하다. 인간의 가장 강한 욕구 중 하나가 남에게 인정받고 싶은 욕구다. 사회에서 인정받고 싶은 욕구는 일종의 명예욕이다. 돈을 많이 번 사람도 사회로부터 인정받고 싶어 공직에 진출하거나 국회의원 출마, 심지어 작가로 등단까지 한다. 학벌은 한국에서 명예욕을 충족시키는 신분제 상품이다. 조사에 의하면 명문대 출신의 소득이 비명문대 출신의 소득보다 높았다. 만약 명문대 출신일수록 돈을 못 번다고 한다면 입시 지옥은 입시 천국으로 바뀌리라.

어떤 유명한 작가가 왜 글을 쓰냐고 묻자 "독자의 사랑을 받고 싶어서"라고 답했다. 워런 버핏은 성공이란 자기가 사랑받고 싶은 사람의 사랑을 받는 것이며, 존경받아도 사랑받지 못하는 사람이 있다고 했다. 인간의 즐거움 중에 사람으로부터 받는 즐거움이 가장 크다. 다른 사람의 인정을 받는 것보다 존경이, 존경보다 사랑이 더 큰 즐거움을 준다. 요즘은 사랑도 돈으로 살 수 있는 시대다.

아무리 대중의 사랑을 받고 명예가 높아져도 돈이 없으면 노후에 후회할 가능성이 대단히 높다. 돈만 있고 명예가 없는 사람이 느끼는 허전함과 돈은 없고 명예만 있는 사람이 느끼는 좌절감 중 어떤 것이 더 클까? 돈이 있으면 명예가 없어도 살아가는 데에 별 문제가 없다. 돈이 없으면 명예를 지키기도 쉽지 않지만 설사 지킨다고 해도 100세 시대에 아주 힘든 노후를 보내야 한다.

　대한민국은 일제강점기와 한국전쟁을 거치면서 기존 계급이 완전히 붕괴되었다. 다른 나라와 비교해보면 우리나라는 서양의 귀족에 해당하는 양반 계급이 몰락한 평등 사회다. 게다가 해방 직후 토지 개혁으로 지주 계급마저 붕괴되었다. 오늘날 대한민국에는 새로운 서열이 등장했다. 학벌이라는 서열과 재력이라는 서열이다. 서울대를 정점으로 모든 대학이 일렬로 나란히 서서 행진한다. 아파트 평수와 가격, 고급 자동차 여부를 기준으로 재력의 서열이 매겨진다.

　다른 나라에서 가문이란 수백 년 된 족보를 의미하지만 우리나라는 '현대가', '삼성가', '롯데가'라는 몇십 년 된 신흥 자본의 재산을 의미한다. 과거의 명문가가 사라진 오늘날 돈의 힘으로 명문가 버금가는 영향력을 행사하는 재벌이 생겼다. 재벌가 이외에 한국에 가문은 없다. 돈도 없으면서 감히 어떻게 가문이라는 단어를 사용할 수 있겠는가. 대한민국은 양반의 자리를 부자가 차지한 계급 사회다.

　대한민국에서 학벌 서열은 재력 서열에 완전히 밀린다. 오죽하면 서울대 출신보다 임대업자 아들이 더 나은 신랑감이라는 농담이 있을까? 우리가 그동안 소중하게 생각해왔던 학벌도 돈에 밀린다. 노무현 대통령은 권력은 시장으로 넘어갔다고 했다. 조사에 의하면 소득이 높을수록 더 건강하고 수명도 길다. 과거에는 농촌이 장수마을이었는데 요즘은 도시인이 더 오래 산다. 우리에게 즐거움을 주는 거의 모든 것, 우리가 소중하게 생각하는 것의 상당 부분은 돈으로 살 수 있다. 심지어 건강도 돈으로 산다.

돈이 일정 수준을 넘어서도 행복은 증가한다

돈이 일정 수준에 도달하면 행복은 더 이상 증가하지 않는다는 학문적 연구는 '이스털린의 역설Easterlin Paradox'이라고 불리는 유명한 이론이다. 하지만 연구 방법에 따라 돈이 일정 수준을 넘어서도 행복도가 증가한다는 상반된 연구도 있다.

설령 돈이 일정 수준을 넘으면 행복이 더 이상 증가하지 않는다고 해도 우리가 주관적으로 생각하는 일정 수준이 생각보다 높을 수 있다. 대한민국 서울을 기준으로 본다면 10억 원도 충분하지 않다. 과연 40억 원 이상을 가지게 되면 만족할까? 우리나라에서 20억, 30억, 40억 원을 벌 수 있는 사람은 극소수다. 과연 몇 퍼센트에 해당하는 사람이 자신이 일정 수준을 넘어서는 돈을 가지고 있다고 생각할까?

자신에게 적정한 돈의 수준은 현재 자기가 가진 돈의 두 배라는 말도 있다. 우리가 말하는 일정 수준이란 영원히 도달할 수 없는 수준이다. '돈이 일정 수준에 도달하면 행복은 더 이상 증가하지 않으니 너무 돈에 연연하지 말라'는 말은 일정 수준에 도달하지 못한 대부분의 서민에게는 해당되지 않는 이야기다. 그 수준에 도달하지 못하니 돈에 연연할 수밖에 없다.

돈이 일정 수준을 넘으면 돈과 행복의 상관관계가 없다는 말도 따져보아야 한다. 왜냐하면 일정 수준을 넘어도 돈이 계속 증가하면 행복 지수도 조금씩일망정 계속 증가한다. 다만 행복 지수의 증가가 완만해질 뿐이다. 어떤 사업가는 한창 사업이 잘될 때는 하루 종일 일해도 전혀 피곤하지 않았단다. 술 마시고 휴식할 시간도 없이 일에 미쳐 살았는데도 삶이 전혀 지루하지 않고 건강도 좋았다고 한다. 학술 연구에서 주장하는 일정 수준을 넘었는데도 돈 버는 일이 그렇게 즐거웠다는 의미다.

은퇴 후 너무 심심해서 다시 사업으로 돌아왔다는 경우도 있다. 미국의 어떤 부자는 전 재산을 팔아 하와이로 왔다. 매일 자기가 좋아하는 서핑을 실컷 하고 세계 여행도 하고 온갖 즐거움을 다 누려보았지만 결국 무료해져서 다시 사업으로 돌아왔다. 어떤 사람은 사놓은 주식이 얼마 지나지 않아 원금의 몇 배가 되었는데, 주식이 오를 때마다 기쁨을 주체할 수 없어서 자신도 모르게 시도 때도 없이 히죽히죽 웃는다고 했다.

시장 자본주의의 험한 세상에서 우리를 가장 확실하게 지켜줄 수 있는 수단은 돈이다. 형제자매, 친구, 동료, 선후배가 배반해도 돈은 결코 주인을 배반하지 않는다. 당신이 협박을 당할 때 돈만큼 당신을 확실하게 지켜주는 것은 없다. 부모가 가난하면 돈만큼 당신을 지켜주지 못한다. 각자가 안전하다고 느낄 만큼의 돈을 벌기 위해서는 일정 수준을 한참 넘는 돈이 필요하다. 돈은 삶의 보험이다.

로또에 당첨되었다고 직장을 그만두고 방탕한 생활을 한 끝에 불행해진 사례를 예로 들면서 돈이 많으면 문제라고 하는데, 그건 그 사람의 사고와 생활방식이 문제이지 돈이 문제인 것은 아니다. 그런 사례를 들어 돈이 인간을 불행하게 만든다고 주장할 수는 없다. 설사 돈이 인간을 타락시킬 수 있다 하더라도 그 점 때문에 돈을 포기하는 사람은 없다. 따라서 어떤 경우에도 돈은 많을수록 좋다.

모두가 똑같이 불행하다면 차라리 돈이 많은 게 더 낫다

우리 주변에 과연 돈의 액수를 불문하고 행복한 사람이 얼마나 될까? 돈이 적은 사람도, 돈이 적당한 사람도, 돈이 많은 사람도, 돈이 아주아주 많은 사람도 진정으로 행복한 사람은 많지 않다. 우리나라 재벌들 중 자살한 사람만 해도 한두 명이 아니다.

돈이 일정 수준을 넘어서건 넘어서지 않건 모두 불행하다면 그놈의 일정 수준은 별 상관이 없다. 모두가 불행할 거라면 차라리 돈이 많은 게 좋다. 우리 주변을 보라. 가난하다고 행복하던가? 중산층이라고 행복하던가? 어차피 다른 것에 의해 행복해지지 못할 바엔 행복도를 조금은 높여줄 수 있는 돈이 최고다.

분명 소수의 사람은 일정 수준을 넘어서면 돈이 더 이상 증가하지 않아도 행복도를 높일 삶의 역량이 있다. 이런 사람은 '돈이 최고가 아니다', '돈이 전부가 아니다'라고 말할 수 있다. 하지만 우리 대부분은 그런 사람이 아니다. 우리는 대부분 돈 이외의 다른 방법에 의해 행복도를 높일 수 있는 삶의 역량이 없다. 하지만 돈이 계속 늘어나면 행복도는 완만하게라도 증가하는 것은 사실이다.

100세 시대에 많은 노인이 우울한 노후를 보낸다. 어떤 노인 전문가의 연구에 의하면 노인은 생각보다 시간이 많다. 걷는 게 좋다는 말을 자주 듣다 보니 매일 등산하는 모임도 있다. 등산 후 술 한 잔 하다 보면 매일 술을 마신다. 막걸리 좋아하는 사람이 '월막, 화막, 수막…' 하기에 무슨 말인가 했더니 월요일 등산 후 막걸리 한 잔, 화요일 등산 후 막걸리 한 잔, 수요일 등산 후 막걸리 한 잔이라는 뜻이란다. 무료한 시간을 달래기 위해 문화센터에서 게이트볼, 노래 부르기, 스포츠댄스 등을 배워보지만 한계가 있다. 돈 이외에 나를 행복하게 해주는 것이 무언인가를 항상 고민하며 젊은 시절을 살아야 노후에 행복하다.

돈이 일정 수준을 넘어선 뒤 돈 이외에 내게 행복을 주는 요인이 많을수록 내 행복이 증가한다. 돈이 일정 수준을 넘어선 뒤에도 돈만큼 나를 행복하게 해주는 게 없기에 모두 '돈, 돈' 한다. 대부분의 사람에게 돈은 최고이고 전부다. 이런 현상이 바람직하지 않더라도 직시해야 할 현실이다.

　UN의 행복 평가에 의하면 한국, 일본, 싱가포르는 GDP에 비해 행복도가 상대적으로 낮다. 중남미 국가는 GDP에 비해 행복도가 상대적으로 높다. 우리가 이토록 불행한 이유는 황금만능주의 때문일까? 우리나라 불행의 원인은 우리의 국민성, 권위주의적 문화, 사회 갈등 때문일까? 우리 국민의 기질과 성격이 가장 큰 원인이 아닌가 싶기도 하다.

　대한민국은 자살률 세계 1위인 국가이며, 아이를 낳지 않는 저출산 1위 국가이기도 하다. 《뉴욕타임스》는 대한민국을 전 국민이 신경쇠약에 걸린 나라라고 말한다. 대한민국은 참 모순적인 나라다. 전 세계에서 생활 편리성은 1위에 해당할 정도다. 24시간 배달이 되는 나라, 세계 최고의 대중교통망을 갖춘 나라, 외식비와 교통비가 비교도 할 수 없이 저렴한 나라, 깨끗하고 범죄 없는 나라가 바로 우리나라다. 세계는 대한민국을 코로나19에 가장 잘 대처한 선진국으로 이해한다. 정작 우리는 의아하지만 한국 민주주의 수준을 세계 최고 수준으로 평가하는 외국 기관도 있다. 이렇게 좋은 나라에서 이렇게 불행하다니 세상을 바꾸어야 하지 않을까?

내일 지구의 종말이 온다면 무엇이 가장 후회되는가

시한부 삶을 선고받은 주인공이 몇 달 남은 기간 동안 자기가 하고 싶은 일들을 작성해 하나씩 해보는 영화를 본 적이 있다. 죽음을 앞두면 가장 소중한 것이 무엇인지 알 수 있을까? '내일 지구의 종말이 온다면 무엇을 하겠는가?'라는 질문은 얼핏 멋진 질문 같지만 곰곰이 생각해보면 도움이 안 되는 질문이다. 한 조사에 의하면 내일 지구의 종말이 온다면 '애인과 함께 호텔에 간다'가 설문 응답 1위였다. 하루밖에 안 남았다면 가장 하고 싶은 일일 수도 있겠으나 100세까지 산다면 매일같이 애인과 함께 호텔에 갈 수 있을까? 하루밖에 안 남았을 때 중요한 일과 살날이 많이 남은 사람에게 중요한 일은 매우 다를 거다.

죽을 날이 몇 달 안 남았을 때 하고 싶어 하는 행위가 가장 소중한 일 같아 보이지는 않는다. 몇 달 내에 할 수 있는 일들 중 가장 소중한 일이 무엇인가를 묻는 질문에 불과하기 때문이다. 다만 죽음을 앞두고 진지해질 수는 있다. 그렇지만 인생에서 가장 소중한 일이 반드시 단 몇 달 안에 할 수 있는 일이어야 한다고 생각하지는 않는다. 당신 인생에서 가장 소중한 일이 무엇인지 한번 생각해보자.

무기력하고 상식적이고 기계적인 삶에 자극을 주기 위해 '내일 지구의 종말이 온다면?'이라고 물을 수는 있다. 하찮은 일에 집착하는 사람에게 가장 소중한 일을 하라고 시한부 인생을 운운할 수도 있다. 일본에서는 한때 임사체험이라는 경험이 인기였다. 유언장을 작성하고 수의를 입은 뒤 관 속에 들어가는 체험을 하는 것이다. 이런 경험은 삶을 자극한다. 하지만 기왕 삶에 자극을 주고 싶다면 시간대를 하루나 몇 달로 제한하지 말고 인생 전체로 잡는 게 좋다.

나는 '내일 지구의 종말이 온다면 무엇을 하겠는가?'라는 질문 대신 '내일 지구의 종말이 온다면 인생에서 무엇이 가장 후회되는가?'라고 묻고 싶다. 그리고 '죽을 때 후회하지 않으려면 어떤 삶을 살아야 하겠는가?'라고 묻고 싶다. 대다수의 사람이 죽을 때까지 무엇이 소중한지 생각도 안 하고 살지만 죽음과 후회를 연계시키면 좀 더 긴 호흡으로 진지하게 삶을 생각해볼 수 있다.

젊은이는 죽음이라는 단어를 아주 멀리 생각하지만 사실 우리는 매일 죽음에 더 가까이 다가간다. 우리는 죽음이라는 종결을 위해 산다. 죽음을 생각하면 하찮게 느껴지는 일이 많다. 하찮은 일은 모두 버리고 가장 중요한 것만 남기자. 100세 시대라고 해도 인생에는 집중이 필요하다. 능력이 분산되면 천재의 성과도 별 볼 일 없다.

있는 그대로 보는 역량이 없는 사람, 사유와 성찰이 없는 사람, 생각하는 힘이 약한 사람이 무엇이 소중한지, 무엇이 가장 후회되는지를 알 수 있을까? '죽을 때 후회하지 않으려면 어떤 삶을 살아야 하겠는가?'라는 좋은 질문도 별 도움이 되지 않는다. 그 어떤 자극에도 별다른 성과 없는 일회성 변화로 끝날 가능성이 다분하다. 있는 그대로 볼 수 있는 역량, 사유와 성찰의 역량, 생각하는 힘을 기르자.

사랑도 욕망에 기초한다

사랑만을 기준으로 결혼하는 것은 지혜롭지 못하다. 사랑에 의해 선택하는 결혼은 순수하다고 말하면서 흔히 첫눈에 반해 사랑하게 된 사례를 많이 거론한다. 첫눈에 반하는 사랑이 사실은 성적인 매력에 끌리는 열정에 불과하다는 연구도 있다. 결국 정신적 사랑이라고 착각하는 현상의 근저에는 육체적 매력이 깔려 있으며 욕망에 기초한 열정에 지나지 않는다.

첫눈에 반한 상대는 대개 자기가 좋아하는 외모를 가진 사람이다. 정신적인 측면에 끌렸다고 하지만 자기가 좋아하는 외모가 만들어낸 감정을 정신적인 측면이라고 말하기는 어렵다. 상대와 섹스하는 상상을 전혀 하지 않는 사랑이라 해도 결국 자기도 모르는 사이에 이성에 대한 성욕이 바탕에 깔려 있을 수 있다. 돈, 외모, 사랑 모두 욕망에 기초하고 있으니 사랑만 순수하다고 착각하지는 말자.

스테파니 쿤츠Stephanie Coontz의 저서 《진화하는 결혼》에 의하면 인류가 사랑을 결혼의 기준으로 삼게 된 것은 최근의 일이다. 과거에는 부부가 같이 일하지 않으면 생존을 유지할 수 없었으므로 특히 농경 사회에서 결혼은 철저하게 노동력의 추가일 뿐 사랑의 결실이 아니었으며 가문과 결혼한다는 계산이 많이 작용했다.

경제가 발전해 남자 혼자 돈을 벌어 가정을 유지할 수 있게 되면서 사랑이 결혼의 기준으로 등극했다. 오늘날 다시 여자도 직업을 갖지 않으면 경제적 어려움이 따르는 선진국에서는 맞벌이 부부의 비율이 압도적이다. 한국도 맞벌이 부부의 비율이 과거에 비해 훨씬 높아졌다. 요즘 사랑만으로 결혼하겠다는 사람이 급속도로 줄고 있다. 미국도 사랑 때문에 의사가 간호사와 결혼하는 계급 이동 결혼의 비율이 감소했다.

사랑에 빠진 인간의 몸과 정신 상태는 비정상적인 상태가 된다. 사랑은 호르몬의 작용에 의해 촉발되는 지독한 정신병이라는 주장도 있다. 사랑에 빠졌을 때 활성화되는 뇌 부위를 조사한 연구에 의하면 사랑에 빠진 상태는 정상적인 판단이 불가능한 상태다. 만약 호르몬 작용에 의한 비정상적인 상태가 오래 계속된다면 사람은 죽는다. 이렇게 보면 사랑이란 신뢰할 수 있는 정신적 상태가 아니다. 사랑을 기준으로 결혼한다는 게 얼마나 위험한가?

우리가 흔히 사랑이라고 하는 것은 사랑이 아니라 사랑이라는 느낌이다. 우리는 사랑이 실체가 있다고 착각하지만 오직 감정만

이 있다. 사랑이라는 실체로부터 감정을 느끼는 게 아니라 유전자, 호르몬, 뇌신경 회로 등에 의해 사랑이라는 감정을 느낀다. 사랑에 대한 과학적 분석에 의해 사랑의 신비감이 많이 사라졌다. 더구나 오늘날은 사랑이 실종한 시대라고 말한다. 오직 이익만이 우리의 모든 것을 좌우한다. 결혼도 이익의 관점에서 접근하다 보면 사랑은 더욱 설 자리가 없다. 남자 혼자서 가계를 끌고 가기 힘든 시대로 진입하면서 인류가 수천 년 동안 해왔던 대로 결혼할 때 다시 조건을 따지는 것이 아닐까?

사랑보다 함께 살기에 적합한 사람을 선택하라

결혼은 같이 생활할 룸메이트를 선택하는 일이다. 만약 사랑하지만 같이 살기에는 적합하지 않은 사람과 결혼한다면 사랑이 식은 뒤에는 같이 사는 일이 징그러워질지도 모른다. 호르몬의 작용으로 시작된 사랑의 상태는 몇 년 정도 지속되지만 그 이후에는 평생 지속되는 새로운 종류의 '제2의 사랑'이 올 수 있다고 한다. 결혼한 뒤에 사랑의 열병 상태가 멈추고 새로운 종류의 제2의 사랑이 생기지 않는다면 사랑만으로 선택한 결혼은 위험해진다. 문제는 제2의 사랑도 가능한 상대인가를 경험하기 전에는 미리 알 수 없다는 점이다. 사랑을 기준으로 결혼 상대를 선택한다면 길어봐야 3년에서 7년짜리 결혼일 가능성이 다분하다.

자기가 사랑하는 사람이 생활을 같이 하기에도 좋은 동반자라면 그는 최고의 배우자다. 이런 배우자를 선택할 수 있는 사람은 행운도 능력도 있는 사람이다. 나는 사랑하는 사람보다는 삶을 같이 하기에 더 좋은 동반자를 선택해야 100세 시대에 후회하지 않으리라 생각한다. 좋아하고 잘하는 것을 할 수 있는 사람이 행운아이고 특권층이듯 사랑하는 사람과 결혼해서 행복한 사람은 행운아이고 특권층이다.

어떤 이혼 전문 변호사의 말에 의하면 사랑으로 결혼한 경우가 조건을 따져 결혼한 경우보다 만족도가 더 낮고 이혼에 이르는 경우도 더 많다고 한다. 나는 이 말을 신뢰한다. 사랑이 별 볼 일 없어서 그렇다. 캠퍼스 커플로 무려 15년을 연애하다가 결혼한 부부가 신혼 기간에 충돌이 많기에 내가 그 이유를 물어보았다. 살아보니 그동안 겪었던 것과 너무나 다른 사람이었다는 거다. 결혼하기 전에는 식당에서 남이 해주는 밥을 먹고 청소할 필요도 없는 공간에서 만나다 보니 수없이 데이트를 하고 여행을 가도 상대를 잘 알 수 없다. 연애 기간은 각자가 맡은 역할을 충실히 수행하는 역할극 기간에 불과하다. 카리스마 넘치고 남성다운 면에 끌려 결혼하고 보니 권위주의적 마초 스타일이라는 사실을 발견하고 결혼을 후회한 여성도 있다. 상대가 생활을 같이 하기에 적합한 사람인지는 동거를 해보아야 알 수 있다.

연구에 의하면 여성은 연애 상대와 결혼 상대를 각각 다른 남성 유형으로 선택한다. 여성이 결혼 상대로 선택한 남성의 유형을 분석해보니 자식을 키우며 생존하는 목적에 가장 잘 부합하는 유형이었다고 한다. 바람둥이 남성은 자식을 낳아도 자식과 여자를 남겨두고 떠나기 때문에 배우자로서 적합하지 않다. 따라서 여성이 선택하는 결혼 상대는 연애 상대와는 달리 힘이 좋아 농사를 잘 짓고 성실해서 자신과 자식을 떠나지 않을 사람이다. 이렇게 보면 진화의 과정에서 여성은 이미 사랑보다는 조건에 의해 결혼하는 방법을 습득했다.

요즘은 지나치게 조건만 따지는 결혼이 많다 보니 사랑 만능주의는 많이 약화되었지만 여전히 많은 젊은이들이 사랑이라는 감정과 느낌 때문에 결혼한다. 그렇다고 해서 사랑만으로 결혼하는 것은 위험하니 사랑은 0%도 따지지 말고 조건만 따져 결혼하라는 말이 아니다. 사랑과 조건이라는 양극단에 치우치지 말자. 결혼도 관련된 모든 요인, 조건, 환경, 상황을 있는 그대로 보고 결정해야 한다. 삶도 결혼도 한두 가지에 의해 결정할 만큼 그렇게 단순하지 않다.

사랑, 겸손, 감사라는 거짓말

스스로를 너무 많이 사랑하면 문제가 된다

'내가 나를 사랑하지 않으면 남이 나를 사랑하겠는가?', '자기 자신을 사랑하세요. 당신은 소중하니까요'라는 말은 기분 좋은 말이다. 자기밖에 모르는 사람은 나이를 먹을수록 더욱 자기중심적이 된다. 자기애로 불타는 현대인에게 사랑이라는 처방까지 내리면 불난 데에 부채질하는 격이다. 사랑이라는 좋은 단어에 우리는 별다른 이의를 제기하지 않는다. 하긴 지나치게 자신감이 없고 자기를 혐오하는 사람도 있으니 사랑이 필요할 것도 같다. 우리는 사랑 아니면 미움이라는 이분법 사고에 익숙해서 사랑하지도 미워하지도 않고 자기 자신을 있는 그대로 보는 대안은 미처 생각하지 못한다.

나를 지나치게 사랑할수록 타인은 나를 멀리한다. 인간은 이미 충분히 자기를 사랑하고 있다. 자신감이 결여된 사람에겐 다른 처방이 필요하지 사랑이라는 처방이 필요한 게 아니다. 세상은 온통 '사랑, 사랑' 하며 강조한다. 사랑은 동서고금의 진리라고 모두가 생각하기에 여기에 이의를 제기하는 일이 마냥 편하지는 않지만 사랑이라는 처방의 문제점은 짚고 넘어가야 한다.

대부분의 가정에서는 한두 명의 자식만 낳아 왕자와 공주로 애지중지 키운다. 그렇다 보니 과거보다 훨씬 더 자기애가 넘쳐난다. 우리 사회는 자기애가 부족한 사람보다 자기애가 과잉인 사람이 더 많다. 자기를 사랑하라는 처방은 많은 사람의 문제를 더 악화시키는 결과를 낳는다.

자기애는 자기를 있는 그대로 보지 못하기에 자기도 손해지만 남에게도 해를 끼친다. 자기애는 단순히 개인의 문제가 아니라 사회 문제다. 자기애는 자기중심적 삶으로 이어진다. 부모, 형제를 포함한 나머지 모든 사람은 자기를 위한 존재에 불과하다. 우주도 자기를 중심으로 돌아가야 한다고 생각한다. 자기의 손톱만 한 편리를 위해 남이 엄청난 손해를 보아도 무덤덤하다.

우리는 자신을 너무 사랑한다. 사랑 부족이 아니라 사랑 과잉이 문제인데 이걸 지적하기는커녕 한술 더 뜨니 문제는 더욱 악화된다. 나를 사랑하다 보면 자신의 못된 성격도 사랑하고 자신의 못된 행위도 아무렇지 않게 여긴다. 자기를 과대 포장하고 자기를 과시하고 으스대는 현대인은 사회관계망 서비스(SNS)에 자신이 어떤 명품을 구입했는지 올린다. 심지어 비싼 명품을 살 돈이 없는 사람은 명품을 빌려 사진을 찍고 반납한다. 명품을 빌려주는 가게도 있다.

자기애가 강한 사람은 자기가 특별하고 잘났다고 생각하기에 남보다 더 성공해야 한다고 믿는다. 성공학은 간절히 바란다면 무엇이든지 성취할 수 있다고 유혹하며 부추긴다. 무엇이든지 잘할 수 있다고 생각하고 시작하지만 막상 해보면 쉽지 않다. 포기하고 다시 새로운 시도를 하지만 역시나 쉽지 않다. 자기애의 가장 큰 문제점은 만족을 모른다는 점이다. 내가 남보다 뛰어나다고 생각하면 대학도 마음에 안 들고 직장도 마음에 안 든다. 어떤 경우는 취업하지 않고 계속 부모한테 의지해 더 좋은 기회를 노린다. 사랑으로 자기애를 불사르지 말고 담담하고 차분하게 자기 자신을 있는 그대로 보아야 한다.

'나'에게서 벗어나 관찰자가 되자

가장 괜찮은 사람부터 가장 못된 인간까지 일렬로 나란히 세운다고 해보자. 자신을 평균보다 더 나은 사람이라고 생각하는 비율이 50%, 자신을 평균보다 못한 사람이라고 생각하는 비율이

50%가 되어야 각자가 자신을 제대로 평가하는 사회다. 헌데 연구에 의하면 다수가 자신을 평균 이상이라고 생각한다. 우리 대부분이 자신을 평균보다 괜찮은 사람이라고 생각하는 게 문제다.

자기밖에 모르고 아주 못된 성격을 가진 어떤 사람이 자신을 참으로 괜찮은 사람이라고 스스로 평가하는 것을 보고 그 앞에서 어떻게 반응해야 할지 상당히 난처한 적이 있었다. 그 사람은 주변의 사랑을 받기 힘든 인간이기에 '내가 나를 사랑하지 않으면 남이 나를 사랑하겠느냐?'라는 말이 맞다. 아무도 그 사람을 사랑하지 않는다. 심지어 가족까지도. 자기라도 스스로를 사랑하도록 눈감아 주어야 할지 모른다.

심리학자 한스 요아힘 마츠Hans-Joachim Maaz는 현대를 자아도취 사회라고 정의한다. 그에 의하면 자아도취, 즉 나르시시즘은 자신이 특별한 존재로 인식되길 기대하며, 남보다 주목받는 것을 좋아하고 바란다. 그는 자기애가 과도한 사람과 자기애가 부족한 사람을 구별한다. 자기애가 부족한 사람은 자신을 힘없고 보잘 것 없는 존재라고 생각한다. 자신을 도와달라고 사정하며 끊임없이 다른 사람의 보살핌과 인정을 필요로 한다. 그들은 누군가의 칭찬이나 축하를 어색해하고 주목받거나 존중받는 삶을 거추장스럽게 여긴다. 자기애가 과도한 사람이 다수인 세상을 향해 '자신을 사랑하라'는 처방을 내리는 것은 자기애가 부족한 사람에게는 전혀 도움이 되지 않는 조언이다. 오히려 자기애가 과도한 사람으로 하여금 자기애가 부족한 사람을 더 괴롭히게 만든다.

불교계에서는 자칭 깨달았다고 하는 사람이 제법 있는데 나는 항상 궁금했다. 깨달음의 증거는 무엇일까? 어떻게 그 사람이 깨달았는지, 깨닫지 않았는지를 알 수 있을까? 경전은 깨달으면 있는 그대로 볼 수 있다고 말한다. 있는 그대로 볼 수 있으려면 사랑하는 마음과 미워하는 마음을 떠나야 한다고 설한다. 참으로 의미 있는 말이다. 자신을 사랑하지도 미워하지도 말자. 있는 그대로 보려면 말이다.

자존감이 없는 사람에게 자기를 사랑하라는 처방은 잘 먹히지 않는 처방이며 지속되기 어려운 일시적 위로에 불과하다. 자기애가 부족한 사람에게 '자신을 사랑하라'고 조언해주면 얼마 동안은 효력이 있을지 모르지만 곧 원래로 돌아간다. 이건 내 경험이다. 사랑을 처방하면 하나의 문제는 닫히지만 또 하나의 문제가 열린다. 사랑하지도 미워하지도 말고 자신을 있는 그대로 보아야 한다. '나'라는 생각, '나의 주인'이라는 생각으로부터 벗어나 관찰자가 되면 수많은 요인, 조건, 환경, 상황을 조금은 있는 그대로 볼 수 있다.

온통 사랑을 강조하는 풍조에서 겁 없이 사랑에 시비를 거는 이유는 우리가 고통을 좀 더 잘 견디기 위해서다. 자기애가 부족한 사람은 몸과 마음이 건강한 사람, 흔들리지 않는 몸과 마음을 가진 사람으로 변화해야 한다. 몸과 마음이 건강한 사람이 강한 사람이며, 강한 사람이란 생각하는 힘이 강하고 인간과 세상의 본질을 잘 파악하는 사람이다. 자기애로 몸과 마음이 건강해질 확률보다 사랑과 미움에서 벗어날 때 건강해질 확률이 더 높다. 진정 자기를 위하고 싶다면 자기를 사랑하지도 미워하지도 말고 있는 그대로 보자. 자기애가 부족한 사람은 가장 먼저 스스로를 있는 그대로 보아야 한다.

말의 내용이 아니라 태도, 말투, 분위기로 겸손하라

몇백 명이 참여한 단체 메신저방에 자기 홍보 자료를 수시로 올리는 사람이 있었다. 자제 요청도 소용이 없자 결국 쫓아내다시피 내보냈다. 우여곡절 끝에 다시 들어왔는데 들어오자마자 다시 자기 홍보 자료를 올렸다. 더 이상 불평은 제기되지 않았고 모두가 그 사람은 그러려니 했다. 그 이후 우연한 기회에 그 사람이 하고 있는 전문 분야에 대한 대화를 하게 되었는데 당연히 그 사람이 떠올랐다. 그 사람은 자신을 홍보하는 데에 성공한 거다. 물론 지나치게 자기를 내세우는 바람에 손해도 있었지만 손해보다 이익이 더 크지 않았을까?

　대학 시절의 나는 공부 안 하고 실컷 놀기만 하던 성적이 바닥인 학생이었다. 제대 후 정신을 차리고 대학 시절 못해본 공부를 해보겠다고 미국 유학길에 올랐다. 처음에는 대학교 시절의 나쁜 성적 때문에 명문대에 가지 못했지만 첫 학기부터 A학점을 받을 만큼 승승장구해 버클리대학교에서 경영학 박사 학위를 취득했다. 박사과정에 입학할 때는 파격적인 장학금을 받았고 대체로 5년 이상 걸리는 동료들보다 1년 빠른 4년 만에 박사를 마치고 텍사스대학교(오스틴 캠퍼스) 경영대학원의 교수로서 MBA 학생을 가르쳤다. 박사과정 도중에도 한 번도 밤을 새워 공부한 적이 없으며 주말에도 쉬면서 공부했다.

박사과정 중에 일어난 일은 겸손에 대해 다시 한번 생각하게 만든다. 우연히 미국에 사는 대학 친구를 만났다. "공부하기 힘들지?"라고 묻는 친구의 질문에 '아니, 하나도 힘들지 않아. 쉽던데'라고 답하기엔 너무 겸손하지 않은 것 같아 "그렇지 뭐…"라고 우물거렸다. 나중에 한국에 돌아와보니 친구들 사이에 내가 고생고생하다가 겨우 박사과정을 마쳤다고 소문이 나 있었다. 같이 놀던 대학 친구 하나는 "너 고생 많았지? 우리가 언제 공부해봤냐?"라고 말했다. 어처구니가 없었지만 거기다 대고 '나 하나도 힘들지 않았어. 아주 쉽게 공부했는데'라고 말하지는 못했다. 그놈의 '겸손, 겸손'이라는 말을 숱하게 듣고 자라왔기 때문이다.

인터넷 사전은 겸손을 '남을 존중하고 자기를 내세우지 않는 태도'라고 정의한다. 하나도 힘들지 않고 쉽게 공부했다고 말하면 자기를 내세우는 게 된다. 쉽게 공부했다고 말하는 게 자기를 내세우는 것이 아니라고 말할 수도 있지만 실제로 대화법은 그렇게 전개되지 않는다. 아주 교묘하게 말을 잘하는 기술이 있으면 '쉽게 공부했다'고 말하면서도 겸손한 사람으로 인정받을 수 있다. 과연 그런 커뮤니케이션 기술을 가진 사람이 우리 중 몇 퍼센트나 될까? 자기를 과소평가하고 평가절하하는 발언을 하지 않으면서 타인과의 소통에서 겸손하다고 인정받기는 무척 어렵다.

나는 겸손하라고 말하고 싶지 않다. 자기를 있는 그대로 드러내라고 권하고 싶다. 구태여 자발적 과소평가로 있는 그대로의 현실을 왜곡하면서까지 손해를 자초할 필요가 없다. 자기를 드러낼 때 상대의 감정을 상하지 않게 하고, 반발을 유발하지 않으며, 건방지다고 느끼지 않도록 섬세하게 살피면 된다. 말투가 부드럽거나 거부 반응을 유발하지 않거나 유머러스하면 자기를 드러내도 문제가 없다. 말의 내용이 아니라 태도, 말투, 분위기로도 충분히 겸손할 수 있다.

자기 자신에게만 겸손할 것

딸의 혼사를 앞두고 어떤 사람은 살고 있던 작은 집을 전세로 놓고 은행에서 대출을 받아 강남의 넓은 아파트로 이사를 갔다. 시아버지로부터 엄청난 재산을 상속받았다는 소문도 의도적으로 퍼뜨렸다. 주변에서는 혼사를 치르기 위해 저렇게까지 난리를 피워야 하느냐고 수군댔지만 신랑감만 모르면 되는 일이었다. 신랑감은 지레 기가 죽었는데 막상 결혼을 해보니 자기 집 재산이 처가 집 재산보다 더 많더란다.

개천에서 용 났다고 이야기하는 어떤 가난한 집 딸은 대출을 받아 혼수를 마련했다. 결혼 후에는 남편이 번 돈으로 대출을 갚았다. 혼수에는 수입 자동차가 포함되어 있었기에 주변에서는 부잣집 딸이라고 생각했다. 수입 자동차는 굉장한 혼수로 내세우기에는 최고로 좋은 아이템이다. 그렇게까지 해야 하나 싶지만 결혼해서 잘살고 있다.

오늘날을 '자기 PR 시대', '자기 홍보 시대'라고 한다. 불평등 사회, 무한경쟁 사회, 승자독식 사회의 숨 막히는 생존경쟁에서 모두가 자기를 과대 선전하는 시장터에 내몰리고 있다. 조금이라도 자신을 드러내고 남보다 더 유리한 위치를 차지하기 위해 수단과 방법을 가리지 않는다. 모두가 자신을 과장하기 위해 혼신의 힘을 기울이는 시대에 겸손이란 손해 보기 딱 좋은 처방이다. 우리는 변화된 시대를 살고 있다. 새로운 시대에 맞는 생각, 말, 행동의 미덕이 필요하다.

살다 보면 자신만만했던 자기의 장점이 별거 아니었음을 알게된다. 자기가 최고라고 생각했는데 뛰는 놈 위엔 항상 나는 놈이 있다. 지나친 오만은 낭패를 부른다. 이럴 때 자주 하는 말이 겸손이다. 맞는 말이다. 삶은 의사결정과 집행의 연속이다. 직장에서, 학교에서, 사회에서 더 잘 결정하고 집행하기 위해서는 새 시대에 맞는 생존 법칙이 필요하다. 자기 자신에게만 겸손하고 남에게는 있는 그대로 보여주자.

그 어떤 상황에서도 자신을 평가절하하지 말자. 자신의 장점은 과장하지 않은 범위 내에서 최대한 알려야 한다. 우리는 자신의 장점을 알리는 데에 조금 더 당당해도 된다. 너나없이 과장하는 사람들 속에서 있는 그대로 말한다면 당신은 가장 겸손한 사람이 된다.

우리는 으레 과장한다고 생각하고 상대의 말을 깎아내린다. 과장하지 않고 말해도 도매금으로 깎아내리는데 자기를 낮추어 말하면 두 배로 깎아내린다. 당신이 70 정도로 평가받고 싶다면 상대가 깎아내릴 정도를 감안해 90 정도로 말해야 70으로 인정받는다. 그런데 겸손하겠다고 50으로 말하면 상대는 30으로 깎아내린다. 따라서 있는 그대로 70이라고 말하면 남은 50으로 평가할 테니 저절로 겸손하게 된다.

과대평가할 필요도 과소평가할 필요도 없이 있는 그대로 보고 있는 그대로의 정보와 평가를 전달하자. 예기치 못한 복병이 있을 수도 있고 세상만사가 쉽지 않다는 사실을 알고 조심조심 가면 된다. 공부가 쉬웠다고 말해도 된다. 나보다 공부 잘하는 사람이 있다는 사실만 알고 있으면 되지 구태여 공부가 어려웠다고 말하는 방법으로 겸손할 필요는 없다. 겸손도 자칫 인위적인 감정의 덧칠이다. 있는 그대로 말하고 나타내는 방법으로 겸손하자.

힘들 때 하는 감사는 피난처일 뿐이다

매사에 감사하는 사람이 있다. 그런 마음 자세는 아름답다. 그런 마음씨나 삶의 태도에 비판의 화살을 겨누는 게 망설여진다. 하지만 매사에 감사하는 사람은 어쩌면 매사를 있는 그대로 보지 못하고 매사를 합리화하고 있는지도 모른다. 그렇다고 해서 매사를 불평하라는 게 아니다. 어떤 사람이 매사에 불평하는 사람이 너무 싫다면서 자기는 늘 감사하며 산다고 했다. 설마 매사에 불평하는 게 싫어서 늘 감사하는 것은 아니기 바란다. 매사에 불평할 필요도 감사할 필요도 없이 있는 그대로 보면 안 되나?

　매사에 감사하는 것도 매사를 불평하는 것도 있는 그대로 보는 것이 아니다. 안 좋은 것은 안 좋게 보고, 좋은 것은 좋게 보는 것이 자신과 세상을 있는 그대로 보는 중도다. 감사할 수 없는 것은 감사하지 않아야 한다. 도저히 감사할 수 없는 것인데도 불구하고 체념하고 좌절하면서 합리화하면 안 된다. 분노해야 할 때도 많다. 그렇다고 소리를 지르고 폭력을 행사하라는 것이 아니다. 분명 분노의 도장을 찍고 넘어가야 하는 일인데도 그냥 넘어간다면 상황은 절대 좋아지지 않고 문제도 해결되지 않는다.

우리는 매사에 감사하라는 말을 자주 듣는다. 매사에 감사하다 보면 심리적으로 위안이 된다. 사람은 마음이 불편할 때 이를 편안하게 만들기 위해 뇌에서 합리화를 시도한다. 매사에 감사하다 보면 자기 자신과 세상을 바르게 보지 못하고 의사결정과 집행에 오류를 낳는다.

매사에 감사하는 자기합리화는 버릇이 되고 삶을 거짓으로 덧칠한다. 불평하지 않고 현실을 직시하면 된다. 매사에 감사하는 자기합리화는 자칫하면 세상의 모든 부조리와 불합리에 대해서도 적당히 넘어가려는 태도를 취한다. 모든 게 '좋은 게 좋은 거지'라는 식이 될 위험도 있다. 우리는 약해질 때, 좌절할 때, 힘들 때 거기서 벗어나려고 한다. 그럴 때 감사하는 행위는 매우 반가운 피난처를 제공해준다. 감사하다 보면 기계적으로 감사하게 된다. 가난하게 사는 것도, 힘든 상황도, 불공평한 처지도, 억울한 상황도, 손해 보는 상황도, 기득권이 득세하는 상황도 모두 감사하다고 말하면 세상의 강자가 뒤에서 히죽거릴지도 모른다.

나의 종교는 과거에는 기독교였고 지금은 불교다. 기독교 시절에도 불교 시절에도 매사에 감사하라는 말을 참 많이 들었다. 종교는 속성상 감사하라고 말할 수밖에 없나보다. 삶이 힘든 사람이 매사에 감사하는 태도를 가지면 나는 안타깝다. 힘든 상황은 힘든 게 맞고, 힘들지 않은 상황은 힘들지 않은 게 맞다. 힘든 상황에 처하면 있는 그대로 보고 결정하고 집행해야 자기에게 이익이다. 매사에 감사하는 마음은 흔들리는 마음, 감정의 인위적 조작이 주는 즐거움에 빠진 마음이다.

우리는 누구나 좋은 소리를 듣고 싶어 한다. 어떤 사람이 자기 자신에 대해 불평할 때 나랑 아무 관계가 없어도 듣기 싫다. 그저 자신의 삶에 만족하는 사람을 보면 옆에 있는 사람도 기분이 좋다. 매사에 감사하는 사람은 주변에서 인기가 좋다. 매사에 불평하는 사람은 기피 인물이다. 매사에 감사하지도 않고 매사를 불평하지도 않고 있는 그대로 담담하고 차분하게 보는 사람은 주변에서 예사롭지 않은 사람으로 생각하게 된다. 그 사람은 인기가 좋은 사람이 아니라 존중받는 사람이다. 감사할 일은 감사하고, 감사할 일이 아니면 감사하지 말자.

남보다 자신에게 먼저 정직하라

과거에 우리 집에 오던 가사도우미는 초등학교도 못 나온 사람이었다. 어머니는 "저 여자가 지혜롭단 말이다"라는 말을 자주 하셨다. 그녀가 가끔 툭툭 던지는 말은 처음에는 평범하게 들려도 곰곰 생각해보면 아주 똑똑한 말이었다. 나의 일터인 대학교에서 내가 접하는 교수보다 더 지혜롭게 느껴질 때도 있었다. 그녀의 능력은 특별하지 않다. 아무런 감정이나 선입관, 아집, 독선, 고정관념, 편견 등을 개입시키지 않고 있는 그대로 보고 말한다. 힘들이지 않고 고민하지도 않고 말을 툭툭 던지는데 정곡을 찌를 때가 많았다. 지식인의 머리에는 너무 많은 선입관, 아집, 독선, 고정관념, 편견이 있는지도 모른다.

단기 기억력이 손상된 환자는 바로 몇 초 전에 일어난 일도 기억하지 못한다. 어떤 실험에서 그런 환자 앞에 여러 사람을 줄 세워 악수를 하게 했다. 여러 명 중에 한 명은 손에 날카로운 핀을 붙여 환자와 악수를 했다. 물론 환자는 악수할 때 핀에 찔려 찔끔했다. 다시 악수했던 사람을 줄 세워 두 번째 라운드의 악수를 했다. 환자는 방금 악수를 했지만 그 사람을 모두 기억하지 못한다. 하지만 손에 날카로운 핀을 붙여 악수를 했던 사람 차례가 오자 환자가 갑자기 악수를 하지 않으려 했다. 의식의 영역에서는 하나도 기억하지 못하지만 의식의 영역이 아닌 곳, 무의식의 영역에서는 기억하는 걸까? 어쩌면 이 모든 것을 지켜보고 있는 무언가가 무의식의 영역에 있는지도 모른다.

뜨거운 물체가 아닌데도 불구하고 뜨거운 물체라고 최면을 걸고 몸에 대자 피실험자가 뜨겁다고 반응했다. 실험자가 실제로는 뜨겁지 않은데 뜨겁다고 반응했다면 오른쪽 손가락을 까닥거려보라고 말하자 피실험자가 까닥거렸다. 비록 의식의 영역에서는 뜨거운 물체로 인식하고 반응했지만 최면에 유도되어 그랬을 뿐

마음속 깊은 곳에서는 뜨겁지 않다는 사실을 알고 있는 것이다. 역시 무언가가 무의식의 영역에서 아주 냉정하게 지켜보고 있는 것이 아닐까?

우리 마음 깊숙한 곳에 잘 속아 넘어가는 나보다 훨씬 차분하고 담담하게 인식하는 어떤 존재가 있는지도 모른다. 그 어떤 존재가 악수 실험과 최면 실험에서 속지 않고 정직하게 반응하는 역할을 하는 걸까? 앞으로 과학 연구가 선명하게 규명하겠지만 나는 무의식의 영역에서 냉정하게 모든 것을 지켜보는 무언가가 있다고 믿는다.

무의식의 영역에서 지켜보는 무언가가 있다면 감사할 수 없는 상황인데도 부자연스럽게 감사하는 행위 또한 지켜볼 것이다. 긍정, 낙관, 사랑, 겸손 등의 인위적 감정의 조작을 지켜보는 무언가가 있다면 우리는 있는 그대로 보는 정직한 자세를 가질 필요가 있다. 내가 감정에 휘둘려 일시적으로 들떠 있더라도 차분하게 지켜보는 무언가가 있기에 끝내 나를 속일 수는 없지 않을까? 자신의 내면 깊은 곳에서 담담하게 모든 것을 지켜보는 무언가를 설득하지 못한다면 감정의 인위적 조작으로 인한 이득은 곧 밑천을 드러낸다. 남에게보다 나에게 먼저 정직하자.

삶이란
욕망과 맺는
관계다

욕망은 본성이고 운명이다

죽음을 앞둔 사람에게 삶에서 무엇이 소중한지 묻는다면 뭐라고 답할까? 조사에 의하면 생각보다 많은 사람이 사랑하는 사람과 더 소중한 시간을 갖지 못한 것을 후회했다. 죽음을 앞둔 사람에게 물어본 조사 결과니 우습게 보면 안 된다. 다만 설문은 한계가 많기 때문에 이면을 들여다보아야 한다.

설문조사의 한계는 기업의 신상품에 대한 마케팅 조사에서 드러났다. 지금은 여성 잡지가 퇴조했지만 한때는 매우 인기가 많았다. 대부분의 여성 잡지가 연예인이나 유명 인사의 스캔들을 캐는 등 선정적이고 질이 낮은 기사만 게재한다는 비판이 많았다. 이런 유의 여성 잡지를 출간해 돈을 많이 번 어떤 잡지사가 수준 높은 잡지를 내면 구독하겠느냐는 설문조사를 했다. 대부분이 그런 잡지라면 기꺼이 돈을 내고 구입하겠다고 답했다. 실제로 출간을 했더니 사보는 사람이 거의 없어서 곧 폐간했다. 작정하고 물어보면 진지해지는 게 인간이다. 요즘은 이런 식의 설문조사는 하지 않는다. 대신 인간의 깊은 속마음을 조사할 수 있는 방법을 사용한다.

죽음을 앞둔 사람에게 무엇이 가장 소중하다고 생각하는지를 묻는 질문도 명백히 한계가 있다. 모든 설문조사를 무용지물이라고 단정해서는 안 되지만 설문조사가 적합하지 않은 주제가 있다. 작정하고 심각하게 물어보기보다 술 한 잔 하면서 죽음을 앞둔 사람에게 '솔직히 뭐가 제일 후회돼요?'라고 유도하는 게 더 낫다. 내가 전해 듣거나 내 주변 사람에게 묻고 얻은 결론은 약간 뜻밖이다. 물론 많은 사람을 조사한 것은 아니기에 과학적 조사는 아니지만 나는 내 조사 결과를 믿는다.

나이든 사람은 남녀 불구하고 돈을 더 많이 벌어 편안하고 즐겁게 살지 못한 것을 가장 후회했다. 재미있는 것은 남녀 불구하고 이성에 대한 후회도 많았다. 여성의 경우는 남의 눈치 보지 않고 도덕에 얽매이지 않고 멋진 남자와 실컷 사랑을 해보았더라면 하는 후회다. 다시 태어나면 연애를 실컷 해본 뒤 결혼하겠다는 거다. 남자의 경우는 여성보다 훨씬 더 자유롭게 살았음에도 불구하고 기회가 있을 때 망설이지 않고 실컷 이성을 사귀어볼걸

하는 후회가 많았다. 남녀 모두 돈이 많은 게 최고라고 했다. 결국 자신의 욕망에 충실한 삶이 최고라는 거다. 설문지 주고 물어보면 사랑하는 사람과 소중한 시간 어쩌구저쩌구 하는데 속마음은 돈 많이 벌고 실컷 연애하고 싶다는 거 아닐까?

암환자 요양병원에 근무했던 의사가 환자와 단독으로 상담하면서 살면서 무엇이 가장 후회되느냐고 물었을 때, 죽음을 앞두고 진실한 사랑을 해보았으면 하는 소망을 가진 사람이 그렇게 많더란다. 인간은 생존 확률을 극대화하며 진화해왔다. 따라서 우리를 즐겁게 하는 것은 모두 우리의 생존에 관련된 일이다. 돈이 많으면, 좋은 음식을 실컷 먹으면, 이성과 사귀면 후손을 남길 확률이 높다. 우리는 돈, 음식, 이성을 좋아하는 사람의 후손이다. 욕망은 내 본성이고 내 운명이다. 내가 젊었을 때 이런 사실을 알았더라면 내 인생은 많이 달라졌을 텐데 너무 늦게 알았다. 이 책을 읽는 젊은 독자가 부럽다. 한 살이라도 젊을 때 인생에 관한 거짓말의 정체를 알아야 한다.

욕망에 충실한 삶을 사는 게 인간적이다

식욕을 관장하는 뇌 부위가 손상되면 음식을 앞에 두고도 굶어 죽는다. 어떤 의사는 예쁜 간호사를 보고 눈길도 주지 않는 남자

환자는 곧 죽음을 맞이한다고 했다. 욕망은 이처럼 우리의 생존을 위해 필요한 동력이다. 과거 수십만 년 동안 인간은 생존을 극대화하는 방향으로 진화해왔다. 여성은 연애 상대와 결혼 상대를 선택할 때 다른 기준을 적용한다는 연구 결과가 있다. 여성이 선호하는 결혼 상대는 자신과 자식의 생존을 보장해줄 수 있는 든든한 남성이다. 아무리 훌륭하고 거룩한 척해도 우리는 욕망과 생존이라는 두 바퀴를 굴리며 오늘날까지 이어져왔다. 자연이 우리를 키운 것이다. 우리가 생존하려면 오늘까지 우리를 있게 한 욕망 앞에 정직해야 한다. 고마워, 욕망.

아버지와 함께 베트남 정글에서 인간 세계와 유리되어 41년을 생존한 아들의 사례를 떠올려보자. 그는 이성이 무엇인지도 모르고 이성에 대한 욕망도 전혀 없다. 심지어 선과 악도 구별하지 못한다. 전문가는 어른의 몸에 어린아이가 들어앉았다고 진단했다. 인간의 욕망은 세상에도 달려 있다. 결국 자연, 타인, 세상이 우리를 어른으로 키운다. 나의 욕망에 따라 살면 타인의 욕망, 세상의 명령과 충돌한다. 따라서 우리는 남의 욕망과 거래하고 세상의 명령에 타협한다. 재벌 총수마저 남과 세상의 눈치를 보는 세상인데 세상의 약자는 당연히 남의 욕망과 세상의 명령을 살피면서 자신의 욕망을 추구해야 한다. '내가 싫은 일을 남에게 하지 말라'는 윤리의 황금률은 남과 거래하고 세상과 타협하는 첫 번째 기준이다.

인간은 자신의 욕망을 100% 통제할 수 없다. 내 마음대로 안 되는 것이 욕망이다. 인간이 자신의 욕망에 대해 갖는 자유의지의 범위는 극히 좁다. 모든 것이 마음에 달렸다고 하지만 아무리 마음먹은들 욕망은 쉽게 내 명령을 듣지 않는다. 하지만 내 욕망으로 인한 모든 결과는 내가 책임져야 한다. 알고 보면 이건 심각한 문제다. 내가 내 욕망을 100% 통제할 수 없는데도 불구하고 내 욕망으로 인한 결과는 100% 내가 책임져야 한다.

어떤 젊은이가 "욕망은 내 편이에요?"라고 묻는다. 욕망은 내 편도 남의 편도 아니고 자연, 타인, 세상이 키운 대로 작동한다. 욕망과 계약을 맺어야 하는 이유가 바로 여기에 있다. 내가 도저히 감당할 수 없는 욕망은 포기해야 한다. 내가 감당할 수 있는 욕망만 지고 가야 한다. 내가 양보할 수 없다고 생각하는 욕망은 계약 조항에 넣고 내가 포기해야 한다고 생각하는 욕망은 계약 조항에서 제외하자.

계약을 맺지 않으면 자신의 욕망에 대해 구체적으로 살펴볼 기회도 없다. 그냥 욕망이 시키는 대로 하다가 가장 중요한 욕망은 실현하지 못하고 너저분한 욕망만 채우다가 세상을 끝낸다. 죽기 전에 후회하고 죽는다면 그나마 알고 죽으니 다행이다. 욕망과 계약을 맺지 않으면 중구난방으로 살기 쉽다. 자기의 돈과 에너지를 이 욕망 저 욕망에 쏟다가 하나도 되는 게 없다. 생각하는 힘이 강한 사람만이 좋은 계약을 맺을 수 있다. 욕망과 계약을 맺은 뒤에는 계약을 충실히 이행하는 게 최고다. 내 욕망은 진화의 과정에서는 자연이 키우고 태어난 뒤에는 타인과 세상이 키웠으니 욕망에 충실한 삶을 사는 게 인간적이다.

바람 부는 대로, 낙엽 지는 대로

인간적으로 매력적인 어떤 교수에게 "인생은 어떻게 살아야 하죠?"라는 생뚱맞은 질문을 했더니 "바람 부는 대로 낙엽 지는 대로 살아야 해"라고 말하는 게 아닌가. 그 말을 듣고 머리를 한 대 얻어맞은 것처럼 멍했다. "평생 재물과 이성을 멀리하고 종단 권력 다툼도 외면하고 오직 깨달음만 추구했는데 죽음을 앞두고 나니 모두 부질없다"고 고백한 어떤 스님의 솔직한 후회에 나는 가슴이 아팠다. 헛살았다는 그 스님의 인생도 가슴 아팠지만 무엇을 추구해도 죽음 앞에선 너무나 초라할 수밖에 없는 우리네 인생 또한 가슴 아팠다.

은연 중 깨달았다고 암시를 주고 으스대는 스님이나 수행자보다 나는 그 스님이 참 좋다. 다시 그 스님을 만난다면 '에이 스님, 무슨 깨달음 같은 것을 추구하셨어요. 그냥 바람 부는 대로 낙엽 지는 대로 사셨어야죠'라고 말하고 싶다. 불교에서는 깨달음조차 추구하지 말라고 한다. 무엇이든 추구하면 인위적 조작이 들어

갈 여지가 다분하다. 추구하면 추구할수록 추구하는 목표로부터 멀어지는 모순과 역설에 직면한다. 추구하지 않으면서 추구하는 것, 하지 않으면서 하는 것이 지혜로운 삶이다.

세상사는 수많은 요인, 조건, 환경, 상황의 화합에 의해 흘러간다. 계획대로 진행되는 일은 10%도 안 된다. 삶은 내가 통제할 수 없는 수많은 것에 의해 흘러간다. 예상과 어긋날 때마다 좌절하고 힘들어할 필요가 없다. 삶이란 원래 그런 거다. 그걸 인정하지 않을수록 삶은 힘들어진다. 관찰자는 수많은 요인, 조건, 환경, 상황과 싸우지도 않고 순응하지도 않고 담담하고 차분하게 물 흐르듯 간다. 욕망에 충실한 삶은 바람 부는 대로 낙엽 지는 대로 사는 삶이며, 욕망이 부는 대로 욕망이 지는 대로 사는 삶이다. 인위적 조작 없이 물 흐르듯 자연스럽게 살아야 죽을 때 후회가 적다.

욕망의 목록에서 가장 중요한 것 한두 가지만 제외하고 나머지는 쳐낼 수 있어야 바람 부는 대로 낙엽 지는 대로 살 수 있다. 내가 감당할 수 있는 욕망만 지고 가면 욕망이 나를 덮치는 일이 없다. 삶의 큰 방향과 흐름이 있다면 욕망이 부는 대로 욕망이 지는 대로 살아도 크게 어긋나지 않는다. 내가 감당할 수 있는 욕망을 파악할 수 있는 사람은 지혜로운 사람이다. 욕망이 부는 대로 욕망이 지는 대로 살 수 있는 사람은 자유로운 사람이다.

바람 부는 대로 낙엽 지는 대로 살 수 있는 사람은 평온한 사람이다. 법의 테두리 내에서 윤리의 황금률을 준수했는데도 욕망으로 인해 문제가 생길 때 책임지는 사람은 용감한 사람이다. 바람 부는 대로 낙엽 지는 대로 사는 인생은 담담하고 차분하게 물 흐르듯 최선을 다하는 삶이다. 그렇게 사는 인생은 아무렇게나 사는 삶이 아니다. 말로 표현하기 어렵지만 구체적인 상황에서 우리는 바람 부는 대로 낙엽 지는 대로 살고 있는지 아닌지 알 수 있다. 어떤 판사가 포르노와 예술작품의 차이를 묻는 질문에 "말로 표현할 수 없지만 나에게 가져오면 구별해줄 수 있다"고 답했다.

삶이란 욕망과 관계 맺기다

정신적 지도자가 되겠다는 꿈을 가졌다고 나에게 고백한 사업가가 있었다. 한때 돈도 많이 벌었고 학벌과 머리도 좋고 주변 사람에게 인기 만점인 매력적인 사람이다. 정신적 지도자가 되기 위해 사업을 하면서 박사 학위도 두 개나 받았다. 그는 정신적 지도자가 되는 게 가장 짜릿하다고 했다. 돈만 벌면 재미가 없다는 거다.

어떤 의사는 개업을 중단하고 6년간 불교 수행에 전념해 어느 정도 경지에 올랐다. 의사로 일하며 돈도 많이 벌었지만 수입의 최전성기에 6년간 병원 문을 닫는다는 것은 쉽지 않은 결단이었다고 했다. 돈을 충분히 벌 수 있었는데도 불구하고 돈을 벌지 못한 것에 대한 후회는 없다. 다만 자신이 목표로 했던 성자의 위치에 오르지 못한 것을 아쉬워했다. 그는 나에게 자기가 성자가 되고 싶은 '성자병'에 걸렸다고 솔직하게 고백했다. 그는 멋지고 진솔한 사람이다.

두 사람 모두 머리가 좋고 공부를 잘했으며 아주 똑똑한 사람이다. 혹시 이 두 사람 모두 평범하게 태어났고 평범하게 자랐어도 정신적 지도자나 성자의 꿈을 꾸었을까? 평범한 사람은 평범한 꿈을 꾸고 비범한 사람은 비범한 꿈을 꾸는 게 아닐까? 나이든 세대는 '요즘 젊은이는…' 하고 혀를 차며 꿈이 없다고 비판하지만 지금 젊은이도 다음 세대를 향해 '요즘 젊은이는…' 할 거다. 이집트 파피루스 문서에 쓰인 글에도 당시의 젊은이를 한탄하는 내용이 있다. 아직 세상이 문제가 많고 인간의 어리석음과 세상의 불공정은 과거나 지금이나 여전하지만 수천 년 동안 인류는 조금씩 발전하며 좋은 세상을 향해 가고 있다. '요즘 젊은이는…' 이라는 말을 듣는 젊은이가 계속 물려받아 과거보다 좋은 세상을 만들고 있으니 '요즘 젊은이는…' 같은 진부한 소리는 하지 말아야 한다.

슈바이처는 목사 활동을 하다가 나이 들어 의대에 진학해 40세 가까운 나이에 졸업하고 아프리카에서 죽는 날까지 의료봉사를 했다. 테레사 수녀는 평생 인도에서 빈민 구제 사업을 했다. 이 두 사람은 나 같은 보통사람은 엄두도 못 낼 삶을 살았으니 나는 절대 그들이 쌓은 훌륭한 업적을 비판하거나 폄하할 생각은 조금도 없다. 다만 그들은 훌륭한 자질을 갖고 태어났고 비범한 사람이 될 수밖에 없는 교육과 경험을 쌓았다. 그들은 무엇보다도 희생과 봉사를 높이 평가하는 사회에서 자랐다. 자연과 타인, 세상이 그들을 훌륭한 사람으로 키운 거다.

삶이란 나의 욕망과 어떤 관계를 맺는가의 문제다. 나의 욕망이란 진화의 과정에서 자연에 의해 태어난 욕망, 다른 사람의 영향을 받은 욕망, 세상의 훈육에 의해 길러진 욕망의 결합이다. 욕망은 자연, 타인, 세상이 공동 육아로 키워낸 복잡계다. 탁월한 역량과 성품을 갖고 태어난 뒤 그렇게 길러진 사람은 슈바이처도 되고 테레사 수녀도 된다. 평범하게 태어나고 평범하게 길러진 사람은 그렇게 될 수가 없다. 베트남 정글에서 41년간 세상과 유리된 삶을 살면 어린아이나 다름없는 어른이 된다. 슈바이처와 테레사 수녀는 자신이 하기 싫은 일을 하지는 않았기에 자신의 욕망과 관계를 맺은 것이다. 삶이란 욕망과 관계 맺기다.

욕망을 관찰하면 제자리를 잡는다

나는 좋은 머리를 가지고 태어났으며 부모 덕분에 해외 유학도 했다. 명문대에서 경영학 박사 학위도 받고 대학 교수까지 했으니 성공한 셈이다. 직업에 귀천이 없다고 하지만 그건 그냥 하는 말이다. 많은 사람이 날 존경해주니 고맙다. 학교라는 환경에서 일한 덕분에 비교적 순수하게 살 수도 있었다. 내가 훌륭해서가 아니라 머리와 환경 덕분에 남들이 존경하는 삶을 살 수 있었다. 이건 내가 겸손을 떠는 게 아니라 있는 그대로 보면 그렇다.

인간은 모두 욕망에 충실한 삶을 산다. 나는 내 능력과 환경에 비추어 교수가 가장 적절한 직업이라고 생각했다. 내 욕망의 목적은 좋은 직업이었지 학문, 대학교, 대한민국의 발전은 아니었다. 교수가 된 뒤엔 학문, 대학교, 대한민국에 기여한답시고 주제넘은 짓을 했지만 그게 내 목적은 아니었다.

언젠가 거짓말에 관한 미국의 한 연구 결과를 보고 놀란 적이 있다. 사람은 보통 하루에 약 200번 거짓말을 한다는 내용이었다. 나는 이해가 되지 않았다. 아무리 생각해보아도 내가 그렇게 거짓말을 많이 하지 않기 때문이다. 악의적인 거짓말은 아니더라도 남의 기분을 상하게 하지 않기 위해 혹은 나의 기분을 위해 혹은 귀찮아서 등의 이유로 내가 생각보다 거짓말을 많이 하는 걸까? 그래도 도저히 200번은 안 되는 것 같은데 어쩌면 남들은 '너도 200번 하거든'이라고 말할지도 모른다.

우리는 남에게 하는 거짓말만 거짓말이라고 생각한다. 자기합리화도 거짓말이다. 현상을 외면하는 낙관은 자신에게 하는 거짓말이다. 욕망 앞에 정직하지 않으면 자기 자신에게도 부단히 거짓말을 하게 된다. 많은 젊은이가 욕망에 충실한 삶을 사는 게 떳

떳하지 않다고 느낀다. 동방가식지국 한국에서 살려면 욕망에 초연한 척해야 존경받는다. 우리는 위축될 필요 없이 욕망 앞에 정직한 삶을 살자.

살면서 지금까지 한 번도 자신의 욕망을 파악하고 관찰하고 실험할 기회가 없었으니 막상 욕망의 지배를 받아 살고 있으면서도 우리는 자신의 욕망을 잘 모른다. 남이 자신의 욕망을 지적하거나 스스로 숨겨진 자신의 욕망을 발견하면 애써 부인하려고 하는 게 인간이다. 이런 부인은 자기에게 하는 전형적인 거짓말이다. 삶의 의사결정과 집행의 오류를 최소화하고 싶다면 자기 스스로에게 하는 이런 종류의 거짓말에도 속지 말아야 한다.

내 욕망이란 거대한 혼란과 모순의 세계다. 자기 자신도 끝내 알 수 없는 신비롭고 골치 아픈 영역이다. 이런저런 이유로 왜곡해 이해하기 쉬운 게 욕망이다. 자기의 욕망을 모르면 결코 자기를 안다고 할 수 없다. 욕망을 알아차리고 관찰하면 욕망이 제자리를 잡는다. 욕망이 사라지면 사라진 대로 남아 있으면 남아 있는 그대로가 내 운명이다. 욕망과 싸우지도 말고 욕망에 굴복하지도 말자. 금욕도 탐닉도 아닌 내가 지고 갈 수 있는 욕망만 지고 가자.

2장

논리는 견고하게
쌓아둘 것

당연한 것은 사실 당연하지 않다

당신도 인생에 관한 거짓말이 무엇이라는 것을 안다. 하지만 예쁘고 거룩한 말을 반박할 논리와 이론이 없으면 또다시 설득력 좋은 사람의 말에 넘어간다. 결국 인생에 관한 거짓말을 안다고 말하기 어렵다. 인간과 세상의 본질에 관한 최근의 자연과학적·사회과학적 연구 결과를 습득하고 생각하는 힘이 강해져야만 인생에 관한 거짓말에 영향을 받지 않는다. 직장에서, 학교에서, 사회에서 우리는 지금보다 좀 더 잘 결정하고 좀 더 잘 행동할 수 있다.

진리, 객관, 사실에 관한 거짓말

뉴턴과 아인슈타인도 틀렸다

인류 역사상 누가 가장 천재일까? 정답이 없는 질문이지만 대개가 아인슈타인을 꼽을 거다. 아인슈타인은 석사와 박사 학위도 없는 학사 출신이다. 국내에는 잘 알려지지 않은 세계적인 명문 취리히 공대에 재수를 해 입학했다. 졸업 후 특허청에서 공무원으로 일하면서 물리학 연구로 논문을 썼다. 처음에는 실력을 인정받지 못해 논문 기고조차 어려웠지만 어려움 끝에 급기야 세상을 뒤흔들게 된다.

천재 중의 천재 아인슈타인과 세계적인 명문대의 물리학과 박사과정 학생 중 누가 물리학 지식이 더 뛰어날까라는 질문이 있다. 답은 뜻밖에도 박사과정 학생이다. 박사과정 학생은 아인슈타인을 포함한 기존 물리학자의 이론 중 오류인 부분까지 파악하고 있다. 하지만 아인슈타인은 자신의 오류를 몰랐다. 아인슈타인 이후에 양자역학이 발달하면서 그의 이론 중 무엇이 오류인가가 밝혀졌다. 우리는 자연과학의 세계에서는 오류라는 게 없다고 생각하기에 '아인슈타인의 이론에 오류가 있다니 말이 되는가?'라고 의아해한다.

아인슈타인 이전의 물리학은 뉴턴의 세계였다. 뉴턴 역시 아인슈타인 못지않게 세계 지성사를 뒤흔든 인물이다. 뉴턴의 이론은 아인슈타인에 의해 수정되기 전까지는 세상을 설명하는 오류 없는 법칙처럼 간주되었다. 양자역학이 등장하면서 아인슈타인의 이론과 대립되는 주장을 전개하자 아인슈타인은 유명한 말을 했다. "신은 주사위를 던지지 않는다." 그러나 양자역학이 맞고 아인슈타인이 틀렸다. 뉴턴과 아인슈타인의 이론에 오류가 있다고 해도 이들은 역사가 낳은 불세출의 천재다.

절대 진리가 있는 것처럼 말하는 사람이 참으로 많다. 우리는 자연과학의 세계에서는 절대 진리라는 게 존재한다고 생각한다. '진리를 발견한다'는 표현은, 진리가 실체로서 존재하고 우리가 그것을 찾아 발견한다는 의미다. 마치 광산에서 광부가 보석을 찾듯이 과학자가 진리를 찾아내 우리 앞에 드러낸다는 거다. 과학철학은 지난 수십 년간의 연구를 통해 절대 진리란 없고 '항상 수정될 수 있는 이론'만이 존재할 뿐이라는 결론을 내렸다. 가설 검증을 통과한 이론은 언제든지 다시 수정될 운명을 안고 있다.

수학의 세계도 마찬가지다. 우리가 학교에서 배운 유클리드 기하학은 '평행하는 두 직선은 만나지 않는다'고 말한다. 우주에서는 이런 유클리드 기하학은 더 이상 맞지 않는다고 하니 절대 진리가 있다는 생각은 인간의 착각이다.

중세 시대에 절대 권력을 휘둘렀던 신의 대리자인 교황은 오류를 저질러도 신의 섭리에 의해 오류가 안 되도록 보호된다고 했는데 이를 교황 무오류설이라고 한다. 우리는 가끔 절대 진리가 있는 양 학교에서 배운 내용, 신문에서 읽은 내용, 강연에서 들은 내용을 신주 모시듯 하는 사람을 본다. 뉴턴과 아인슈타인의 연구에도 오류가 있는데 하물며 이 세상에 절대 진리가 있을 리 없다. 교황의 무오류설이 더 이상 수용되지 않는 세상이다. 자기의 생각도 당연히 절대 진리가 아닐 테니 고집부리지 말고 오직 모를 뿐이라는 생각으로 살아야 한다. 자기 생각에 집착하지 말고 항상 열려 있어야 한다. 세상사 정답이 없다.

삶은 모호함, 딜레마, 모순이기에

파란색 돌은 빛을 받아 파란색 파장만 반사하고 나머지는 흡수하기 때문에 파란색으로 보인다. 우리는 돌의 고유한 성질이 파란색이라고 생각하지만 표면에 빨간색 파장만 반사하고 나머지는 흡수하는 액체를 칠하면 빨간색으로 보인다. 인간은 무엇이든 지금 눈앞에 보이는 사물과 현상에 절대적 성격을 부여하고 거기에 매달리며 집착한다. 불과 수십 년 전만 해도 공룡은 커다란 몸집 때문에 변화하는 환경에 적응하지 못해 도태되었다고 배웠다. 운석이 지구에 대재앙을 가져오는 바람에 공룡만이 아니라 거의 대부분의 생명이 멸종했다는 게 가장 최근의 이론이며 이 역시 언제 수정될지 모른다.

자연과학의 세계에서도 절대 진리가 없는데 사회과학의 세계는 더 말할 나위가 없다. 1929년 경제 대공황 때 등장한 케인스학파는 정부가 재정 지출을 증가하면 경제가 회복된다는 이론을 주장했다. 이에 반대하는 시카고학파는 동일한 통계 자료를 가지고 경제 대공황은 정부의 재정 지출 확대로 벗어난 게 아니라 제2차 세계대전으로 인해 겨우 벗어났을 뿐이라고 주장했다.

A기업에서 큰 성과를 거둔 방법이 B기업에 적용되자 전혀 성과를 내지 못하기도 한다. 평범한 CEO를 영입했는데 뜻밖에도 괄목할 만한 성과를 보여주기도 한다. 모호함, 딜레마, 모순으로 점철된 인생의 모든 문제에도 절대 진리, 불변의 진리는 없다. 생각하는 힘을 기르기 위해서는 과학 지식을 습득해야 하지만 과학 연구는 절대 진리가 아니며 서로 모순되기도 하고 언젠가 오류로 밝혀지기도 한다. 상반되는 과학적 연구가 있으면 하나를 선택하

는 안목이 있거나 둘을 결합해 제3의 대안을 만드는 역량, 즉 생각하는 힘이 강해야 한다.

절대 진리가 없는 모호함, 딜레마, 모순의 세계에서 기존의 제도, 윤리, 기준은 모두 재정립되고 있다. 삶의 논리와 이론이 과학 지식에 근거하지 않으면 인간과 세상의 본질에 위배되기에 정당성이 없다. 자신의 생각, 말, 행동이 정당성을 갖지 못하니 다른 사람의 지지를 확보할 수 없고 비난에 직면한다. 생각하는 힘이 강한 사람은 논리와 이론이 뒷받침하고 있기에 생각, 말, 행동이 힘과 설득력을 갖는다. 우리는 이미 기존의 제도, 윤리, 기준에서 많이 벗어난 삶을 살고 있으면서도 머릿속은 여전히 그것들의 영향 아래 있다. 강한 사람으로 변화한다는 의미는 기존의 제도, 윤리, 기준에서 벗어나 자신의 행동을 뒷받침하는 논리와 이론을 만든다는 의미이기도 하다.

절대 진리가 없기에 우리는 수시로 변하는 요인, 조건, 환경, 상황을 있는 그대로 보아야 한다. 관련된 요인, 조건, 환경, 상황이 바뀌면 자신의 생각, 말, 행동을 뒷받침하는 논리와 이론도 바뀌어야 한다. 우리는 날마다 수많은 결정과 집행을 한다. 보다 잘 결정하고 보다 잘 집행하기 위해서는 관련된 요인, 조건, 환경, 상황이 변할 때마다 기존의 관념을 버리고 신속하게 새로운 해결책을 찾아야 한다. 나이가 들면 자신에게 익숙한 사고의 세계에 갇혀 유연하게 대응하기를 거부한다. 새로운 정보보다는 기존의 경험과 지식을 더 중요시하기에 완고한 노인이 된다. 젊은이는 이런 사실을 알면서 늙어가야 한다. 나이가 들어도 뇌가 유연하게 열려 있어야 지혜로운 의사결정과 집행이 가능하다.

합리적이고 일관적이기만 한 삶은 자랑할 일이 아니라 걱정할 일이다

유명한 경제학자 케인스는 자신의 견해를 자주 바꾸었던 모양이다. 의견을 자꾸 바꾸는 이유를 묻자 사실이 바뀌면 생각을 바꾼다고 하면서, 사실이 바뀔 때 당신은 어떻게 하느냐고 반문했다. 요인, 조건, 환경, 상황이 바뀌는데도 생각을 바꾸지 않으면 일관성이 있는 게 아니라 어리석은 것이다. 일관성을 찬양하는 사람이 참으로 많다. 많은 사람이 일관적이지 않으면 문제가 있다고 생각한다. 아마존 창업자 제프 베이조스는 만일 자기의 생각을 많이 바꾸지 않는다면 당신은 자주 틀릴 것이라고 말했다. 당신은 얼마나 자주 견해를 바꾸는가?

일관성이 있으면 멋지고 소신 있어 보인다. 관련 요인, 조건, 환경, 상황이 그대로이면 일관성이 있어도 되지만 그대로가 아니면 일관성이 손해다. 냄비 근성이라고 말하는 우리 국민성은 요즘 같이 복잡하고 변화무쌍한 불확실성의 시대에는 오히려 적응력이 뛰어나다. 요인, 조건, 환경, 상황이 바뀔 때마다 우리의 생각이 바뀌는 게 당연한데 바뀌지 않고 그대로라면 자기 자신에게 질문해 보자. '혹시 나는 도그마에 빠져 있거나 다른 이유 때문에 사실을 있는 그대로 보지 못하고 있는 것은 아닌가?' 하고 말이다.

요즘 같은 무한경쟁의 시대에는 1등이 순식간에 추락한다. 창의적이지 못한 기업은 시장에서의 생존마저 위태롭다. 부서의 경계가 명료하고 업무가 중복되지 않은 조직보다 부서의 경계가 모호하고 업무가 중복되는 조직이 더 창의적이라는 연구 결과가 있다. 기업만이 아니라 정부 부처도 마찬가지다. 여러 부처에서 중복되어 수행하는 업무는 한 부처가 일을 망쳐도 다른 부처가 있기에 완전히 망가지지는 않는다. 혼란스러워 보일지라도 경계가 모호하고 업무도 중복적인 조직이 때로는 더 창의적이다.

세상은 불확실성, 복잡성, 상호의존성, 비선형성, 상대성으로 중첩된 모순, 혼란, 갈등의 시대다. 시장자본주의는 냉혹하고 무자비하며 승자독식과 무한경쟁이 난무한다. 인간은 인지 능력에 한계가 있고, 이성적이라기보다는 감성적이며, 논리적이라기보다는 충동적이다. 삶의 단계에서 우리는 수많은 장애에 부딪힌다. 이런 세계에서 합리성, 일관성, 도덕성, 명료성에 지나치게 집착하면 그것은 또 하나의 극단이다. 사회에게도 자신에게도 바람직하지 않을 뿐더러 유익하지도 않다.

우리가 세상을 지혜롭게 살아가려면 모호함, 딜레마, 모순과 동거해야 한다. 예를 들어 옳고 그름의 경계선은 생각보다 훨씬 더 모호할지 모른다. 분명 살인과 도둑질 같은 행위는 나쁘지만 대부분의 일이 과거에 비해 선악을 판단하기가 훨씬 어려워졌다. 베트남 정글에서 41년간 세상과 유리되어 살던 젊은이는 선악의 구별을 못했다. 선악의 개념은 사회가 만들었기에 세상이 바뀌면 선악의 개념도 바뀌어야 한다.

이렇게 하면 이게 걸리고, 저렇게 하면 저게 걸려 이러지도 저러지도 못하는 상황을 딜레마라고 한다. 경영학을 공부하면서 '경영이란 모순의 관리'라는 개념 정의를 보고 크게 감동한 적이 있었다. 어디 경영뿐인가? 우리의 삶도 모순의 관리다. 인간과 세상에는 모호함, 딜레마, 모순이 넘치므로 삶은 곧 그것들의 연속이다. 만약 자기의 삶이 모호함, 딜레마, 모순이 없고 합리성, 일관성, 도덕성, 명료성으로 빛난다면 자랑이 아니라 걱정할 일이다. 절대 진리가 없는 세상에서 인생이란 모호함, 딜레마, 모순의 관리일 수밖에 없다.

있는 그대로 보는 것이 중도적 삶이다

정치 문제나 사회적 이슈는 너무나 많은 요인, 조건, 환경, 상황이 개입되어 있기에 수많은 견해로 나뉜다. 하지만 TV 토론이나 언론에서는 제3의 견해, 제4의 견해는 관심이 없다. 명료하게 대립되는 두 견해를 만들어놓고 싸움을 붙인다. 참가자는 마치 자신의 견해가 절대 진리인 양 충실하게 싸워주어야 다시 초대된다. 오직 두 가지 견해만이 허용되는 사회이기에 많은 사람이 자신의 견해를 이 둘 중 하나에 맞추려고 한다. 우리는 찬성 아니면 반대라는 선명성을 강요당한다. 조건부적 의견은 모두 무시되고 제3의 견해, 제4의 견해는 양비론으로 매도된다.

악어는 자기가 잡아먹는 먹이가 불쌍해서 눈물을 흘린다고 한다. 이른바 '악어의 눈물'이다. 자기가 만든 거짓말을 남에게 이야기하며 감정에 복받쳐 통곡하는 사람도 난 이해가 된다. 도둑질 한 돈으로 일요일에 교회 가서 혹은 절에 가서 듬뿍 헌금하고 보시하는 사람의 행동을 이해 못한다면 삶의 모순도 이해하지 못한다. 자기가 여자 친구를 걷어차 놓고는 여자 친구가 금방 제일 인기 좋은 남자와 교제를 시작하자 갑자기 그녀를 찾아가 다시 돌아와 달라고 애원하는 남자도 충분히 이해할 수 있다. 결혼할 생각도, 사귈 생각도, 심지어 데이트할 생각도 없으면서 자기와 친분이 있는 남자에게 애인이 생겼다고 둘 사이를 훼방 놓는 여자의 행동이 나는 충분히 이해가 된다. 부모로부터 많은 재산을 몰래 받았으면서도 다른 형제자매가 그 사실을 전혀 모르자 부모로부터 받은 재산이 너무 없다며 연기를 하다가 저절로 슬퍼져 눈물을 흘리는 사람도 난 이해가 된다.

황희 정승에게 A라는 사람이 와서 B의 흉을 보았더니 황희 정승이 A의 말이 맞다고 했다. 조금 있다가 B가 와서 A의 흉을 보니 이번에는 B의 말이 맞다고 했다. 모든 과정을 지켜본 조카가 황희 정승에게 어찌 그렇게 말할 수 있느냐고 하자 "자네 말도 맞다"고 했다. 황희 정승의 이 모순된 말에서 우리는 삶의 지혜를 느낀다.

모호함, 딜레마, 모순을 수용하라는 말은 합리성, 일관성, 도덕성, 명료성이라는 또 하나의 극단에 빠지지 말라는 말이다. 절대 진리가 있다고 착각하는 사람은 모호함, 딜레마, 모순이 지혜의 특성이라는 사실을 이해하지 못한다. 이런 사람이야말로 정말 골치 아픈 사람이고 대화가 안 되는 사람이다. 대화가 안 되는 사람과는 법으로 대화하는 게 좋다. 중재인이나 변호사를 활용하자.

욕망도 극단이고 금욕도 극단이다. 욕망과 금욕의 중간을 고집하는 것도 극단이다. 인생은 나의 욕망과 어떤 관계를 맺을 것인가의 문제다. 중도적 삶은 쾌락과 금욕이라는 양극단을 떠나 모호함, 딜레마, 모순 속에서 해결책을 찾는 삶이다. 세상은 비선형적이므로 중도란 약간의 과부하이거나 약간의 과부족 상태다. 모호함, 딜레마, 모순을 수용하는 것도 중도이고, 쾌락과 금욕의 양극단을 피하고 해결책을 찾는 것도 중도다. 때로는 쾌락을 추구하거나 때로는 금욕을 추구하는 것도 중도이고, 약간의 과부하도 중도이고, 약간의 과부족도 중도다. 중도란 평균이나 중간 값이 아니다. 있는 그대로 보면 중도다.

'사실'이란 인간이 만든 창조물이다

공기업 A는 출퇴근을 위한 통근 버스를 운영했고, 그 운영비는 인건비에 포함되지 않았다. 공기업 B는 통근 버스 운영을 중단하고 대신 절감한 예산을 출퇴근 수당으로 나누어주었기에 인건비에 포함되었다. 기계적으로 공기업의 인건비를 비교해 경영 평가를 하다가 공기업 A의 통근 버스 운영비를 인건비에 포함해야 공정한 경영 평가가 가능하다는 주장이 제기되었다. 이 문제에 대한 전문가의 의견이 달라 상당한 논쟁이 있었다. 이 사례는 실제 있었던 일이다.

우리는 수치로 표현하면 객관적이라고 믿는다. 인건비 역시 수치로 표현되니 객관적이라고 생각했는데 주관에 의해 수치가 달라질 수 있음을 보았다. 우리는 객관적, 논리적, 합리적이라는 단어에 이의를 달지 못하고 무조건 승복한다. 분명 주관과 객관은 구별의 실익이 있지만 생각보다는 경계가 모호하다. 주관에 객관의 요소가 있고 객관에 주관의 요소가 있다. 객관으로 화장한 주관도 많다.

정책 평가라는 학문 영역이 처음 등장했을 때 모두가 드디어 객관적으로 정책의 잘잘못을 판단할 수 있으리라 기대하고 환호했다. 수십 년이 지난 오늘날 정책 평가는 결코 객관적으로 어떤 정책이 좋은 정책이고 어떤 정책이 나쁜 정책인가를 평가할 수 없다는 사실을 깨닫게 되었다. 정치적 선호, 이념, 가치관, 신념, 편견, 선입관, 아집, 독선, 분노, 슬픔, 사랑, 애착, 욕망으로 점철된 인간에게 객관적 평가란 불가능하다.

정책 평가에 의해 손해를 보는 집단과 이익을 보는 집단이 반드시 존재하기에 정책 평가라는 과학적 행위는 필연적으로 정치적 행위다. 뇌과학 연구에 의하면 정치적 선택은 이성이 아니라 감성을 관장하는 영역의 지배를 받는다. 똑같은 자료와 정보를 가지고 분석해도 각자의 주관이 개입하기에 분석 결과는 주관과 객관의 혼합이다.

사건은 주관적인 해석에 의해 우리의 기억 속에 자리 잡기에 모든 사람의 기억은 주관적이다. 설령 동영상으로 사건의 전부를 기록한다고 해도 보는 순간 주관적 사건으로 전환되기에 객관적 사실은 없다. 마음이 여리거나 착한 사람은 자기가 잘못한 사건으로 만들어 기억 속에 저장하기 쉽다. 반대로 악하거나 억센 사람은 뭐든지 남이 잘못한 사건으로 만들어 저장한다. 주변 사람은 또 저런 식이구나 하고 고개를 절레절레 흔든다. 주변 사람은 당사자가 아니니 사실 관계와 정황을 잘 모른다. 결국 실제 어떤 사건이 일어났는지 결코 알 수 없다. 객관적 사실이 없으니 사실이 없는 것이다. 사실이란 인간의 주관이 만든 객관이며 인간이 구성한 창조물이다.

연구에 의하면 인간의 기억은 주기적으로 재구성된다. 뇌신경 회로에 저장된 기억은 계속 내용이 달라진다. 처음에는 돈을 주었다는 사건이었는데 시간이 지나면서 누군가 통장 이야기를 하자 통장을 본 것 같은 생각이 들고 나중에는 통장이 선명하게 떠오르기까지 한다. 병적인 거짓말 습관을 가진 사람은 한술 더 떠 통장에서 돈을 인출했다고 남에게 거짓말을 하다가 10년쯤 뒤에는 그 사실을 진실인 양 철석같이 믿는다. 세상에는 어떤 일이 일어났는지에 대한 주관적 견해만 있다. 다만 사람의 주관은 각각 그 질이 다르다. 당신의 배우자, 친구, 부모, 형제자매, 동료, 상사의 주관은 어떤 등급일까? 당신의 주관보다 등급이 높을까? 사물과 현상을 있는 그대로 알고 볼 수 있는 여실 지견의 역량이 있어야 주관의 등급이 높다.

기억의 불완전성을 인정해야 성숙한 사람이다

인간은 일어나지 않은 일도 선명하고 생생하게 떠올린다. 어떤 학생에게 A라는 교수의 연구실에 무엇이 있었는지 물으니 컴퓨터, 커피포트, 책꽂이, 달력 등이 있다고 말했다. A교수의 연구실에는 컴퓨터가 없다고 말하자 그 학생의 머릿속에는 A교수가 컴퓨터 앞에 앉아 있는 모습이 떠오르기까지 한다. 우리는 교수 연구실에는 어디에든 당연히 컴퓨터가 있다고 생각하기 때문에 급기야는 확실하게 본 것 같은 착각을 한다. 사무실에는 보통 컴퓨터가 있다는 지적 표상인 '스키마schema'가 만들어낸 착각이다. 자기 기억에 지나친 자신감을 갖는 사람은 의도치 않게 거짓말을 하게 된다.

나는 내 연구실에 도둑이 들어 컴퓨터, 전자제품 등 여러 가지 고가의 물건을 잃어버린 적이 있다. 내가 목격자를 수소문했다고 하자. 키가 얼마 정도인 사람이 어떤 옷을 입고 등 여러 가지 증언이 나올 수 있다. 나는 이제 그런 증언을 별로 믿지 않는다. 미국의 한 대학교에서 교수가 강의하고 있는 중에 어떤 사람이 강의실에 들어와 교수에게 총을 쏘았다. 교수는 피를 흘리며 쓰러졌다. 총을 쏜 사람은 도망갔고 학생들의 증언을 토대로 범인에 대한 인상착의를 작성했다. 이 사건은 목격자의 기억이 얼마나 정확한지 실험하기 위한 연극이었다. 교수가 흘린 피도 범인의 총도 가짜였다. 학생들의 증언은 실제로 가짜 총을 쏜 사람의 인상착의와 매우 달랐다. 인간의 기억이 얼마나 주관적인지 알 수 있다. 나는 이런 과학적 사실을 모든 국민, 특히 지식인이 철저하게 공부해야 한다고 생각한다.

판사, 검사, 변호사도 인간의 기억에 너무 큰 비중을 두지 말고 재판에 임해야 한다. 기자는 못된 정치인이 기억이 안 나는 척할 수도 있지만 인간의 기억에 한계가 있다는 사실도 인정하고 기사를 써야 한다. 정치적 논란이 생기면 꼬치꼬치 캐물으며 사람을 다그치는데 기억이 불완전한 인간은 다그칠수록 엉터리 기억을 만들어낸다. 인간의 기억이 얼마나 불완전한가를 알지 못하는 사람은 결코 성숙한 사람이 되기 어렵다.

공자의 제자 중에 안회는 덕이 뛰어나서 공자가 가장 아끼는 제자였다. 공자는 천하를 다니며 자신의 정치사상을 펴기 위해 각국의 제후와 접촉했는데 어느 날 여러 날을 굶은 끝에 피곤한 몸을 쉬게 되었다. 안회가 쌀을 얻어와 밥을 짓는데 공자가 잠깐 잠이 들었다 깨어보니 안회가 솥뚜껑을 열고 밥을 한 숟가락 떠 입에 넣었다. 평소에 공자를 떠받들던 안회였는지라 괘씸한 생각이 들어 갑자기 안회에게 "꿈에 조상님을 보았는데 제사를 지내야겠다"고 말했다. 제사를 지내는 밥은 숟가락을 대서는 안 되는지라 안회가 시침을 떼고 제사를 지내면 나쁜 놈이고 한 숟갈 떠먹은 것을 실토하면 정직한 제자일 터였다. 안회가 당황하며 이 밥으로는 제사를 지낼 수 없다고 말했다. 밥이 다 되었는지 보려고 솥뚜껑을 열자 마침 재가 들어가 밥에 묻었는데 버리기 아까워 재가 묻은 부분만 한 숟갈 떠먹었다는 것이다. 공자는 "눈으로 본 것은 믿을 수 있다고 생각했으나 눈도 믿을 게 못되고, 머리는 믿을 수 있다고 생각했으나 머리도 믿을 게 못되며, 한 사람을 이해한다는 것은 정말 어려운 일이다"라고 한탄했다. 당신도 기억나는 것, 눈으로 본 것을 너무 자신하지 말자.

인간에 관한
거짓말

나는 자연, 타인, 세상에 의해 날마다 변화한다

개를 반려동물로 키울 때 손가락으로 가리키며 '가져와, 앉아!'라고 말하는 훈련을 자주 시킨다. 동물의 세계에서 손가락으로 가리키는 행위를 인지하고 반응하는 동물은 반려동물 외에는 없다고 한다. 연구에 의하면 손가락 지시에 반응하는 반려동물은 인간의 훈련에 의해 습득한 능력이다. 후천적으로 습득한 능력이 후성유전학적 과정을 통해 후세에 대물림된다. 반려동물로 자란 개의 새끼는 손가락 지시를 가르치기도 전에 이미 손가락 지시에 반응하는 능력을 가지고 태어난다.

연구에 의하면 아시아 사람의 8%가 동일한 Y염색체를 가지고 있으며 이들은 특정 남성의 후손이다. 특정 남성은 칭기즈칸으로 추정된다. 조부모, 증조부모 등 계속해서 거슬러 올라가면 나의 유전자를 만든 사람은 분명 내가 아닌 수많은 다른 사람이다. 우리는 태어날 때 수많은 다른 사람의 유전자를 물려받는 자연법칙을 따른다. 자연이 우리를 만드는 셈이다.

트라우마 같은 인간의 경험이 RNA에 영향을 미쳐 후세에 전달된다는 연구 결과도 나왔다. 행복한 환경에서 태어난 아이와 전쟁 도중에 태어난 아이는 다르다. 유전 과정에는 이처럼 세상이 각인한 요소도 개입된다. 자연법칙에 의해 태어난 이후에도 우리는 부단히 다른 사람과 세상의 영향을 받는다. 연구에 의하면 태아는 뱃속에서 들은 음악을 출생 이후에 구별한다. 엄마의 경험은 태아에게 영향을 미친다. 아이는 성장하면서 친구와 선생의 영향을 받고, 취업하면 직장 동료와 상사의 영향도 받는다.

인간은 끊임없이 교육과 경험을 통해 다른 사람과 세상의 영향을 받는다. 코로나19가 발발한 지 1년 6개월 만에 나온 연구 결과에 따르면 코로나19 때 태어난 아이의 평균 지능지수가 78이라고 한다. 평균 100에 훨씬 못 미치는 수치다. 보육원이 폐쇄되고 사람과의 접촉과 교류가 부족한 게 가장 큰 이유다.

우리가 '나'라고 생각하는 몸과 마음은 자연, 타인, 세상에 의해 만들어진 임시 복합체다. 가지고 태어난 DNA, RNA에도 자연, 타인, 세상이 각인되어 있고, 태아 때부터 죽는 날까지 우리는 끊임없이 자연, 타인, 세상에 의해 변화하며 늙어간다. 나는 끊임없이 변화하기에 불변이 아닌 임시 복합체다. 어렸을 때 나의 사진을 보고 너무나 생소해서 깜짝 놀랐다. 어머니가 말해주지 않았다면 남의 사진이라고 해도 믿었을 거다. 10년 전의 나의 생각과 지금의 나의 생각은 또 얼마나 다른가. 매일 수많은 세포가 죽고 수많은 세포가 생기는 우리 몸은 날마다 다른 몸이다. 내가 내일도 모레도 변화할 수 있으니 얼마나 다행인가.

우리는 자신의 몸과 마음이 자연, 타인, 세상으로부터 물리적으로 분리되어 있으니 별개라고 착각한다. 그것들을 떠나 존재하는 나만의 고유한 영역은 없다. 인간은 자연, 타인, 세상에 의해 만들어진 임시 복합체를 독립된 주체로서의 '나'라고 생각하고 온갖 의미를 부여한다. 우리는 자기의 몸과 마음이 자연, 타인, 세상과 분리된 독자적인 영역이라고 착각한다. 흔히 하는 '나는 누구인가? 나는 무엇인가?' 하는 철학적 질문에 답하기 위해서는 나라는 몸과 마음에 대해 바로 알아야 한다.

선악의 개념과 욕망도 자연, 타인, 세상에 의해 만들어진다

인간의 욕망조차도 자연, 타인, 세상에 의해 만들어진다. 앞에서도 잠시 말했던 베트남 전쟁 중에 밀림으로 피신해 41년간 살았다가 다시 세상으로 돌아온 아버지와 아들이 있다. 정글에서 사는 41년 동안 아버지는 아들에게 여성에 대해 설명하지 않았다.

아들은 41년 동안 여성을 다섯 명 정도 보았지만 여성이라는 인식도 못하고 성별도 구별하지 못한 채 그들로부터 도망쳤다. 아들은 문명사회에 돌아온 지 6년이 지났어도 여전히 남성과 여성을 구별하지 못한다. 전문가의 분석에 의하면 아들은 최소한의 성적 욕구도 가져본 적이 없고 생식 본능이 드러난 적도 없다. 전문가는 마치 어른의 몸에 어린아이가 들어가 있는 것과 같다고 진단한다. 아들은 또한 선악의 구별을 전혀 못하기에 사람을 죽이라고 한다면 전혀 죄책감을 느끼지 않고 죽일 거라고 한다. 선악이라는 것도 타인과 세상에 의해 만들어진다는 증거다.

욕망은 유전자의 영향도 크기 때문에 자연에 의해서도 만들어진다. 결국 인간도 자연, 타인, 세상이 만들고 인간의 욕망도 자연, 타인, 세상이 만든다. 미국에서 식당을 하는 한국 교포가 백인에게 무료로 김치를 나누어주었다고 한다. 처음에는 먹지 않고 버렸던 백인이 자꾸 받게 되자 조금씩 먹어보고 익숙해지니 김치를 좋아하게 되었다는 사연이다. 음식에 대한 욕망도 자연, 타인, 세상에 의해 형성된다.

남과 세상으로부터 완전히 독립된 나만의 고유 영역이 과연 얼마나 될까? 나만의 생각이 있다고 하자. 그 생각이 과연 어떻게 만들어졌을까? 나만의 생각이라는 것은 타고난 나의 성격과 무관하지 않다. 내가 가진 DNA, RNA가 나만의 생각을 만든다. 지금까지 배운 것, 경험한 것과 별개로 그 생각이 독자적으로 존재할 수 있을까? 나만의 생각이란 선배의 조언, 부모의 잔소리, 선생의 농담, 친척의 경험담, 신문기사, 영화의 대사, 소설의 한 구절, 택시기사가 던진 말, 교과서의 한 구절이 짜깁기된 것에 불과하다. 어떻게 짜깁기되는가에 따라 다른 사람의 생각과 다른 나만의 독특한 생각이 결정된다. 결국 나만의 생각도 모두 자연, 타인, 세상의 다양한 조합에 의해 각각 독특하게 만들어질 뿐이다.

나만의 생각, 말, 행동은 내가 하얀 백지 위에 창의성을 발휘해 만든 창조물이 아니다. 나의 생각, 말, 행동은 자연, 타인, 세상으로부터 연유한 파생상품이고 내 소유이기도 하며 남과 세상의 공동 소유물이다. 나만의 생각이라느니, 독특하다느니, 고유한 영역이라느니 하며 너무 자존심을 내세울 필요가 없다. 나를 자연, 타인, 세상과 분리하면 인간과 세상의 본질을 파악하지 못한다. 나로부터 한발 물러나서 자연, 타인, 세상이 만든 임시 복합체로서의 나를 있는 그대로 보자.

나에게 더 가까이 다가갈수록 자연, 타인, 세상이 만든 욕망, 편견, 아집, 독선, 선입관, 도그마의 노예가 될 가능성이 다분하다. 다른 사람과 세상으로부터 도피해 내 안에 들어가면 다른 사람과 세상이 만든 욕망, 편견, 아집, 독선, 선입관, 도그마가 나를 기다린다. 나로부터 한발 물러나 관찰자가 되어 나의 생각을 보면 그것들로부터 벗어날 수 있다.

과연 모든 해답이 내 안에 있을까

공무원 시험을 볼까 말까 고민하는 사람이 제법 있을 거다. A는 재벌 기업은 아니지만 봉급을 많이 주는 대기업에서 근무한다. 결혼할 때 처가로부터 '이런 직장 다니는 사람을 사위로 맞을 수 없다'는 식의 퇴짜를 맞을 걱정은 전혀 안 해도 되는 곳이다. 하지만 유난히 권위주의적 문화가 강하고 비합리적인 관행이 상당히 만연한 직장이다. A는 지금 사랑에 빠져 있다. 일이 많아 집에 가서도 회사 업무를 해야 할 정도다. 주말이면 겨우 짬을 내 데이트를 하는데 이마저도 쉽지 않다.

A는 언제부터인가 공무원을 꿈꾸었다. 다만 경쟁이 치열해서 공무원 시험에 합격할 수 있을지 확신이 없다. 회사를 그만두고 시험 준비를 한다는 것은 크나큰 모험이다. 여자 친구에게 물어보니 나중에 두고두고 후회할 거면 사표 내고 한번 시작해보는 게 어떠냐고 말한다. 과연 사표를 내고 공무원 시험을 준비해야 할까?

이럴 때 흔히 제시되는 인생에 관한 거짓말 중 하나가 바로 '내면의 소리에 귀를 기울이라'는 말이다. '모든 해답은 내 안에 있다'라는 말도 같은 맥락이다. 분명 의미 있는 말이지만 얼마나 도움이 되는 말일까? 자기애가 강한 현대인은 대부분 내면의 소리에 귀 기울이며 산다. 그래서 문제 아닌가? '모든 해답은 내 안에 있다'라는 말로부터 도움을 얻는 사람이 얼마나 될지 의문이다.

내면의 소리를 중시한 사람 중에는 스티브 잡스가 가장 유명할 거다. 나는 인간으로서 그리고 혁신가로서 스티브 잡스에 감탄하지만 이 조언에 관해서는 의문을 가지고 있다. 스티브 잡스 같은 천재나 고도의 경지에 도달한 수행자의 내면이라면 귀를 기울일 만하지만 우리의 내면은 그런 수준이 아니다. 인간이란 내면을 신뢰할 수 있는 존재가 아니다. 기껏해야 공무원에 관한 신문기사, 친구나 선배의 말, 부모나 친척의 말, 여자 친구의 말이 내 욕망과 어우러져 내는 속삭임에 불과할 수 있다.

주변의 조언은 둘로 엇갈린다. '사표를 내고 시험을 준비하라!', '현 직장에 계속 다녀라!' 사표를 냈다가 시험에 불합격하면 평생 알바로 살아야 할지도 모른다는 경고를 들으면 두렵기도 하다. 마음속에서 가끔 '너는 합격할 수 있어'라는 소리가 들린다. 여자 친구와 보낼 즐거운 시간을 상상하니 꿈이 꼭 이루어질 것만 같다. 우리는 보고 싶은 것만 보고, 듣고 싶은 것만 듣는다. 간절히 바라다 보니 꼭 합격할 수 있을 것 같은 신념도 생긴다.

결국 사표를 내고 시험 준비 끝에 공무원 시험에 합격했다고 하자. 누군가는 '이 청년을 보라. 우리는 내면의 소리에 귀를 기울여야 한다'라고 말할지도 모르겠다. 공무원 시험의 경쟁률을 보면 대다수가 낙방한다. 낙방한 사람 중에도 내면의 소리에 귀를 기울인 사람이 어디 한둘이겠는가. 하지만 그 누구도 내면의 소리에 귀 기울였다가 망했다는 말은 안 한다. '역시 공무원 시험이 어렵구나', '괜히 경솔하게 사표를 냈다'고 후회할 뿐이다. 그래서 '내면의 소리에 귀를 기울이라, 모든 해답은 내 안에 있다'라는 말은 우리에게 도움이 안 된다.

내면의 소리를 얼마나 신뢰할 수 있을까

어떤 사람과 대화를 해보니 그가 생각한 내면의 소리는 사실 남이 무심코 던진 한마디가 오래 남아 싹을 틔우고 자란 결과였다. 그 한마디가 그의 욕망과 결합해 내면의 소리로 둔갑한 셈이다. 물론 내면으로부터 나오는 직관은 경우에 따라 매우 유용하다. 그러나 욕망이 가미된 남의 말을 따르면서 내면의 소리를 따른다고 착각할 수도 있다.

살기 힘들면 사람은 지나치게 비관적이 된다. 비관적인 마음이 속삭이는 소리에 귀를 기울이면 있는 기회도 놓친다. 욕망의 불꽃이 타오르면 낙관적으로 보고 도박에 빠진다. 내면의 소리란 때로는 비관의 찬물이 흐르는 소리이고 때로는 욕망의 불꽃이 타는 소리다.

간절히 소망하다 보면 사람의 귀에 소리가 들릴 수 있다. 소리가 들리는 종교적 체험은 흔하게 일어난다. 뇌과학은 이런 소리가 뇌신경 회로의 작용으로 일어나는 현상임을 밝혔다. 하느님의 소리나 부처님의 소리가 아니라 내 욕망이 만들어내는 소리일지도 모른다. 내면의 소리가 음성으로 들리면 계시나 징후가 나타났다고 좋아할 일이 아니라 걱정해야 할 일이다.

내면의 소리로부터 해답을 찾으려는 것은 자신의 내면을 과대평가하는 도박이다. 자기의 내면을 스티브 잡스나 1급 수행자의 내면으로 생각한다면 과대평가된 내면이 아닐 수 없다. 행복하려면 욕망에 충실한 삶을 살아야 하지만 그렇다고 욕망에 휘둘리면 의사결정 오류와 행동의 실수를 낳는다. 인간이 어떤 존재인가를 알게 되면 내면의 소리로부터 해답을 찾는 행위가 얼마나 위험한지 알 수 있다. 내면의 소리가 마치 백지 상태에서 만든 자기 고유의 실체에서 나온 소리라고 착각하지만 대부분 다른 사람의 말, 세상이 들려준 말이 싹트고 자라나 내면의 소리로 둔갑한 것이다.

그럼 '외면으로부터 해답을 찾아야 하는가?' 하고 이분법적인 사고에 사로잡혀 반문하기 쉽다. 외면이란 무엇일까? 남과 세상이다. 내면도 외면도 아닌 관련된 수많은 요인, 조건, 환경, 상황을 고려하고 자기와 세상을 있는 그대로 보면서 해답을 찾아야 한다. 굳이 말한다면 자기로부터 해답을 찾는 것도 아니고, 밖으로부터 해답을 찾는 것도 아니다. 작은 감정의 파도에도 흔들리는 자기 자신은 절대 신뢰할 수 있는 존재가 아니다. 자기로부터 해답을 구하지 말자.

삶이란 의사결정과 집행, 즉 선택과 행동의 연속이다. 자기로부터 한발 물러나 자기의 생각과 느낌이 일어나고 사라지는 것을 알아차리는 관찰자가 되면 모든 요인, 조건, 환경, 상황을 있는 그대로 보기에 의사결정 오류와 행동의 실수를 최소화할 수 있다. 내면의 소리에 귀를 기울이면 자신의 욕망, 분노, 좌절, 슬픔, 기쁨에 의사결정과 집행을 위탁하는 것이다. 내 안에서 해답을 찾으려고 할 때 들리는 소리는 자신의 편견, 아집, 독선, 선입관, 도그마가 속삭이는 소리다. 관찰자가 되면 나를 떠나기에 자기로부터 해답을 찾는 것도 아니고, 남에게 휘둘리지 않으니 밖으로부터 해답을 찾는 것도 아니다.

뇌는 듣고 싶은 것만 듣고, 보고 싶은 것만 본다

잠을 잘 때도 뇌는 쉬지 않고 일한다. 끊임없이 소리에 관한 정보를 듣고 해석한다. 낮에는 바스락 소리도 잘 들리지만 밤에 그 정도 소리는 무시하기 때문에 안 들린다. 천둥소리에 잠을 깬 적이 있을 텐데 뇌는 천둥소리 정도의 크기면 위험하다고 판단하고 잠자는 나를 깨운다. 뇌는 24시간 내내 수많은 시각 정보, 청각 정보, 후각 정보, 촉각 정보 등을 수신해 그것들을 처리한다.

뇌는 체중의 2%에 불과하지만 에너지의 20%를 소비할 만큼 열심히 활동한다. 오늘날 인공지능이 눈부시게 발전하고 있지만 여전히 인간을 따라잡지 못하는 영역이 많다. 인간의 뛰어난 능력은 뇌의 효율성에 있다. 인간의 뇌는 많은 정보를 효율적으로 처리하기 위해 여러 가지 편법을 사용한다.

인간의 뇌는 가령 우리가 카페에서 대화를 할 때 상대가 하는 말과 주위 사람이 하는 말을 동일하게 취급하지 않는다. 인간의 뇌는 상대의 소리에 선택적으로 집중한다. 주위 사람이 하는 말은 소음 정도로 무시하고 상대가 하는 말에 귀를 기울인다. 잠시 주위 사람이 무슨 말을 하고 있는지 집중하면 그 사람이 나누는 대화가 들리지만 다시 상대와 대화를 시작하면 들리지 않는다.

인간의 뇌는 소리를 들을 때만 선택적으로 작동하는 게 아니라 이미지를 볼 때도 선택적으로 작동한다. 농구 게임을 찍은 동영상에 의도적으로 고릴라가 농구장을 가로 질러가는 장면을 삽입했다. 동영상을 보여주면서 동시에 특정 업무를 부여하면 절반이 고릴라가 농구장을 지나갔다는 사실을 인지하지 못한다. 공만 따라가는 선택적 작동 때문이다. 인간이 보고 싶은 것만 보고 듣고 싶은 것만 듣는 것은 뇌가 정보처리의 효율성을 높이기 위해 사용하는 기법 때문이다.

뇌의 이런 습관은 의사결정 오류를 초래한다. 우리는 투자 의사를 결정하는 신중한 순간에 중요한 정보인데도 애써 무시하거나 별로 중요하지 않은 정보인데도 집착한다. 관찰자는 자신이 어떤 정보에 더 현혹되고 어떤 정보는 자꾸 무시하려고 하는지도 알아차린다. 관찰자는 사표를 낼까 말까를 고민하면서 가장 많이 고려하는 요인이 공무원 연금이라는 사실도 알아차린다.

내면이란 자연, 타인, 세상이 나의 몸과 마음속에서 만든 모자이크요, 비빔밥이다. 내면의 소리란 내가 성장한 나라, 내가 속한 인종, 내가 속한 문화, 나의 직장에 의해서도 영향을 받는다. 미국에서 자란 사람의 내면은 '공무원 시험을 보기 위해 사표를 내라'는 말을 속삭이지 않지만 한국 사람의 내면은 '사표를 내라'고 속삭인다.

관찰자의 사유와 성찰은 내면의 소리에 귀를 기울이는 것과 동일하지 않다. 관찰자가 되어 자신의 내면에서 소용돌이치는 생각과 느낌의 일어남과 사라짐을 알아차리는 수행자는 나로부터 분리되기 때문에 이미 내면이라는 게 없다. 우리는 자연, 타인, 세상이라는 외면이 만든 비빔밥을 내면이라고 착각한다. 관찰자는 내면도 외면도 아닌 자연, 타인, 세상이 만든 모자이크를 있는 그대로 본다. 관찰자는 내면이라는 비빔밥에 가미된 편견, 아집, 독선, 선입관, 도그마라는 양념을 있는 그대로 본다.

의사결정에 관한
거짓말

인간은 자신의 이익이 무엇인지 모른다

주당 6만 원에 매입한 주식이 반 토막이 나서 지금 3만 원이 되었다고 하자. 팔까 말까 고민한다면 6만 원이라는 매입 가격은 잊어야 한다. 앞으로 가격이 오를 것인가 내릴 것인가 하는 것만이 중요하다. 하락할 것 같으면 팔고 상승할 것 같으면 보유해야 한다. 과거 매입 가격은 전혀 고려할 필요가 없기에 경영학에서는 이 6만 원을 '매몰원가sunk cost'라고 부른다. 매몰되었으니 잊어버려도 되는 원가라는 뜻이다.

부동산 가격이 하방경직성인 대표적인 이유가 바로 '내가 얼마에 샀는데…'라면서 매몰원가를 못 잊기 때문이다. 6억 원에 구입한 아파트가 반 토막이 나서 3억 원이 되었다면 앞으로 가격이 오를 것인가 내릴 것인가만 생각하고 의사결정을 해야 하는데 우리는 6억 원에 집착한다. 가격이 하락할 것 같으면 3억 원에라도 파는 게 이익이다. 과거에 집착할수록 손해이지만 우리는 이 사실을 잘 모른다.

어떤 의대생이 흡연자의 폐를 눈으로 확인하고 그 끔찍한 모습에 충격을 받아 절대 담배를 피우지 않겠다고 결심했다. 나중에 자신에게 손해인줄 알면서도 담배를 피운다. 에이즈에 감염될 수도 있다는 것을 알면서도 인간은 위험한 섹스를 한다. 운동을 열심히 하면 좋다는 의학적인 사실을 알고 환자에게 운동을 처방하는 의사가 막상 자신은 실천하지 않는다. 심리학에서는 '인센티브incentive'라는 주제로 이런 사례를 연구한다. 인간 뇌의 한계, 인지 능력의 한계를 보여주는 사례다.

어떤 사업가는 종업원에게 5000만 원을 지불하지 않기 위해 애쓰다가 5000만 원을 지불하는 게 더 이익이라는 부하 직원의 보고를 받았다. 그러나 오기가 생겨 수억 원 이상을 손해 보는 대가를 치르면서까지 기어이 5000만 원을 주지 않았다. 충족된 오기, 이겼다는 심리적 만족이 수억 원보다 더 클까? 감정이 이익을 압도하는 사례다.

가난한 사람이 어떤 이유로 부자 정당을 지지하기도 한다. 미국 민주당은 가난한 백인에게 훨씬 더 많은 경제적 이익을 주지만 가난한 백인 중 일부는 인종적인 이유로 부자 정당인 공화당을 지지한다. 트럼프를 지지하는 백인은 부자건 가난하건 대부분 백인 우월주의자라는 게 연구로 밝혀졌다. 트럼프를 지지하면서 느끼는 심리적 이익이 과연 경제적 이익보다 더 클까? 정서가 경제적 이익을 이기는 사례다.

우리나라에도 백신 접종을 거부하는 사람이 제법 있다. 통계에 의하면 평균 10만 명 중 한 명 비율로 부작용이 나타난다. 부작용 확률이 감염 확률보다 현저하게 낮다. 여러 국가에서 공포로 인해 부작용이 과장되고 결과적으로 집단 면역이 불가능하게 되어 코로나19는 종식될 수 없다는 게 세계적 학술지 《네이처》의 한탄이다.

미국에서 백신을 거부하는 국민의 대부분이 트럼프의 열렬한 지지자다. 백신 거부 운동을 주도했던 어떤 사람은 코로나19로 사망하는 순간까지 자신의 행위를 후회하지 않는다고 했다.

행동경제학, 뇌과학, 심리학에 의하면 인간은 자신에게 무엇이 이익인지 잘 모른다. 감정의 인위적인 조작에 영향을 받거나 인간의 인지적 한계 등으로 인해 있는 그대로 보지 못하고 명백히 자신에게 손해인 의사결정과 행동을 한다. 인간은 결코 합리적이지도 이성적이지도 논리적이지도 않다. 인간은 대부분 자신이 평균보다 괜찮은 사람이라고 생각한다. 나를 포함해 부모, 배우자, 자식, 형제자매, 친구, 동료, 상사, 연인도 마찬가지다. 삶의 결정과 집행을 잘하려면 이런 과학적 사실을 알아야 한다.

대화와 커뮤니케이션은 대부분 실패한다

미국에서 공부할 때 커뮤니케이션 수업을 한 학기 동안 수강했다. 어느 날 교수가 몇 명의 학생을 무작위로 선정해 교실 밖으로 내보내고 첫 번째 학생을 들어오게 해 허리케인에 관련된 사건을 나머지 학생 앞에서 들려주었다. 그 내용을 들은 첫 번째 학생은 교실 문을 열고 두 번째 학생을 들어오게 해 자기가 들은 내용을 다시 반복했다. 두 번째 학생은 세 번째 학생을 들어오게 해 자기가 들은 내용을 또다시 반복했다.

이렇게 반복할 때마다 교실에는 폭소가 쏟아졌다. 내용이 전달될 때마다 너무나 많이 바뀌었기 때문이다. 실험이 끝나고 첫 번째 학생이 말한 내용과 마지막 학생이 말한 내용을 비교했는데 충격적일 만큼 차이가 났다. 허리케인이라는 점은 일치했지만 사건의 내용은 완전히 달랐다.

커뮤니케이션은 대부분 실패한다는 연구를 믿기 어려웠는데 이 실험을 통해 커뮤니케이션이 얼마나 엉망인지를 깨닫게 되었다. 나는 그때부터 중요한 사안에 있어서는 사람의 말을 들을 때 그 수업의 실험을 항상 떠올린다. 말하는 사람과 듣는 사람 모두 의도적이진 않지만 잘못 말하고 잘못 듣기에 사람이 전하는 말에는 거짓이 포함될 확률이 대단히 높다.

여자 친구와 어디서 밥을 먹을까 고민을 하는데 문득 여자 친구가 "저 식당 어때?"라고 물었다. 그 식당은 남자 친구가 며칠 전에 이미 밥을 먹었던 곳이었는데 맛도 서비스도 엉망인데다 비싸기까지 했던 기억이 있다. 남자 친구가 '맛이 없었어'라고 대답했으면 끝날 일이었을 텐데, 맛도 서비스도 엉망이고 비싸기까지 했다는 말을 하려고 "별루야, 비싸기도 하고"라고 대답했다. 여자 친구는 '아, 비싸서 싫어하는구나'라며 남자 친구를 째째한 사람이라고 생각했다. 사실 듣는 입장에선 충분히 그렇게 해석할 수 있는 뉘앙스다.

박사 논문 심사를 앞두고 내 지도학생은 자기의 방법론을 심사위원이 싫어한다고 걱정을 했다. 논문 심사 후 그 학생과 대화하고 나서 깜짝 놀랐다. 자기의 방법론에 불만을 가졌기 때문에 세 명의 심사위원이 부정적인 의견을 제시했다는 거다. 방법론에 대해서는 언급도 안 하고 다른 내용을 지적했는데도 그렇게 선입관을 가지고 심사를 받으니 그런 말로 들리는 거다. 아주 공부를 잘하는 학생이었다.

우리는 선택의 순간 어떤 결정을 내려야 할 때 남의 말을 참고한다. 직장에서는 상사의 지시를 듣고 일을 한다. 가족과 대화를 하다가 서로 싸우기도 하고 언제 그랬냐는듯 사랑을 느끼기도 한다. 커뮤니케이션 오류는 쌍방향으로 일어난다. 내가 잘못 이해할 수도 있고 상대가 나에게 잘못 전달할 수도 있다. 그 과정에서 인간은 의도치 않게 거짓말 아닌 거짓말을 한다. 정확하게 전달

받은 내용도 내가 잘못 이해하면 거짓말이 되어버린다.

인간이란 참으로 불완전한 존재다. 커뮤니케이션을 잘하는 사람은 아주 유능한 사람이다. 똑똑한 사람일수록 대부분의 커뮤니케이션이 실패한다는 사실을 이해하지 못한다. 일부 실패할 수는 있지만 어떻게 대부분 실패할 수 있는지 의문을 갖는다. 그냥 대부분의 커뮤니케이션이 실패한다고 받아들이고 항상 나와 상대의 오류를 인정하는 자세를 갖는 게 좋다. 너무 확신에 찬 사람, 단어 하나하나 따지는 사람은 결코 똑똑한 사람이 아니다. 의사결정을 잘하려면 대부분의 커뮤니케이션이 실패한다는 연구 결과를 명심하자.

의사결정은 후회할 수밖에 없는 결단이다

연구에 의하면 대안이 많을수록 선택 후의 후회가 크다. 두 명 중 한 명과 결혼하면 다른 한 명과 비교하지만 열 명 중 한 명과 결혼하면 다른 아홉 명과 비교하니 후회가 더 크다. 인간은 의사결정을 하고 나면 가지 않은 길의 장점은 크게 보이고 선택한 길의 장점은 작게 보인다. 오늘날은 슈퍼마켓에 가도 선택할 물건이 넘쳐나고 사람을 만날 수 있는 기회도 과거와 비교할 수 없을 만큼 많다. 그럴수록 의사결정 뒤의 후회는 크다.

합리적 의사결정은 가능한 대안을 모두 파악한 뒤 각각의 대안이 갖는 장점과 단점을 비교한다. 장단점을 계산하려면 관련된 모든 요인, 조건, 환경, 상황을 예측해야 한다. 가능한 모든 대안을 파악하기도 어렵지만 파악해도 장단점을 계산하기는 더욱 어렵다. 잔머리 굴려보아야 한계가 있고 잔머리 잘 굴리는 사람이 꼭 결정을 잘하는 것도 아니다. 요리조리 따져보고 정말 손해 보지 않았다고 흐뭇해하는 사람도 실은 감정적으로 치우쳐 어리석은 선택을 했는지도 모른다. 합리적 의사결정이란 애초부터 불가능하다.

인생은 의사결정의 연속이다. 아침에 커피를 마실까 말까, 점심에 무엇을 먹을까, 직장 상사에게 불만을 말할까 말까, 협력사 직원의 요구를 수용할까 말까에 이르기까지 하루 일과는 의사결정으로 이루어져 있다. 대부분의 의사결정은 합리적 선택이 아니라 후회할 수밖에 없는 결단이다.

다른 대안을 선택했더라면 더 나쁜 결과에 도달할 수 있지만 인간의 상상력은 그런 방향으로 펼쳐지지는 않는다. 선택한 대안이 좋은 결과를 내면 의사결정을 잘한 게 되고, 나쁜 결과를 내면 의사결정을 못한 게 된다. 《끝이 좋으면 다 좋아》라는 셰익스피어의 희곡처럼 끝이 좋은 의사결정은 사후적으로 잘한 의사결정으로 판결이 난다.

의사결정은 집행 과정을 거친다. 의사결정을 잘했어도 집행 과정에서 문제가 생기면 결과가 좋지 않다. 결국 의사결정을 잘했는가 못했는가는 집행에도 달려 있다. 집행할 때 행운이 따르면 결과가 좋고 결국 사후적으로 의사결정을 잘한 게 된다. '끝이 좋으면 다 좋다.'

절대 진리가 없듯이 완벽한 의사결정, 합리적 의사결정은 불가능하다. 더구나 가보지 않은 길이 어떻게 귀결될지 모르는데 비교 자체가 모순이다. 그렇다고 눈감고 아무런 대안이나 선택할 수는 없으니 우리는 의사결정 오류를 줄이기 위해 최선을 다해야 한다.

어떤 경우는 오랜 세월이 지나면 '내가 왜 그렇게 어리석었지? 왜 그때는 몰랐을까?'라고 깨닫는다. 대부분의 경우는 자기의 어리석음을 알지도 못한다.

의사결정 오류를 최소화하기 위해서는 과학적 지식과 경험이 풍부하고 생각하는 힘이 강해야 하며 관찰자가 되어 관련된 요건, 조건, 환경, 상황을 있는 그대로 볼 수 있어야 한다. 상당수의 의사결정 오류가 편견, 아집, 독선, 선입관, 고정관념, 분노, 슬픔, 사랑, 미움, 낙관, 비관, 긍정, 부정 등의 감정에 영향을 받거나 인지 능력의 한계 때문에 발생한다. 감정의 영향이나 인지 능력의 한계는 우리로 하여금 있는 그대로 보지 못하게 만든다. 무엇보다도 인생에 관한 거짓말에 속지 말고 자신의 욕망 앞에 정직해야 한다.

있는 그대로 보고 결정과 집행을 했다면

온갖 세세한 일을 모두 상상한 뒤에 대비책을 마련하고 일을 착수하는 사람이 있다. 큰 흐름과 방향만 설정하고 세세한 계획 없이 일단 시작한 뒤에 구체화하는 사람도 있다. 물론 정답은 없다. 모든 요인, 조건, 환경, 상황을 고려해 선택할 사항이기 때문이다. 하지만 요즘과 같은 초불확실성의 시대에는 온갖 세세한 일까지 대비해도 전혀 예상치 못한 일들이 일어나기 때문에 계획이 허사가 되는 경우가 흔하다.

기업의 경우는 어떨까? 과거에는 모든 세부 사항까지 중앙에서 기획해 하달하는 상의하달식 청사진이 기획의 핵심이었다. 오늘날에는 큰 흐름과 방향만 중앙에서 기획하고 세부적인 내용은 하부에 위임하는 분권형 기획이 대세다. 모든 일을 미리 세세하게 예측하기 어렵기에 담당 부서의 대응 능력에 맡기는 것이다. 중앙집권적 기획이건, 분권적 기획이건 세상사는 대부분 예상과 달리 진행되므로 끝나고 나면 후회할 확률이 매우 높다. 우리도 여러 가지 난관을 거칠 때마다 계속 후회하며 살아간다.

삶이란 후회의 연속이라 할 만큼 항상 후회로 가득하다. 사람과 대화를 하다 보면 대부분 두 가지 후회를 한다. '그때 하지 말았어야 했는데' 하는 후회와 '그때 했어야 했는데' 하는 후회다. 부끄러움이나 자존심이란 별거 아닌 감정의 인위적 조작이라는 사실을 나이가 드니 알게 되고, 후회에 대한 생각도 바뀐다. '그때 하지 말았어야 했는데' 하는 후회는 점점 안 한다. 왜냐하면 나이가 들면서 실수도 하고 잘못도 저지르면서 살 수밖에 없다는 지혜가 생기기 때문이다. 오히려 '그때 했어야 했는데'라는 후회를 더 많이 하게 된다. '뭐가 부끄러워서, 뭐가 자존심 상한다고 해보지도 않았지? 왜 그때 그것을 몰랐을까? 좀 더 과감했어야 했는데'라는 생각.

삶에서 대부분의 일은 적극적으로 해도 큰 손해가 나지 않는다. 너무 조심조심 살거나 눈치보고 부끄러워하며 자존심을 세울 필요는 없다. 다만 돈에 관한 일, 매우 중요한 일은 다르다. 부모자식, 형제자매, 친한 친구 사이에 절대 해서는 안 될 말을 하면 평생 지속되는 손실을 입는다. 극단적인 사례로 자살을 들 수 있다. 한번 해보자는 식으로 자살을 선택할 수는 없지 않은가? 의사결정 시에는 두 가지로 나누어 대처해야 한다. 돈에 관한 일, 매우 중요한 일에서는 '하지 말았어야 했는데'라는 후회를 하지 않도록 신중해야 한다. 일상의 일에서는 '했어야 했는데'라는 후회를 하지 않도록 적극적으로 살아야 한다.

관찰자가 되어 인간과 세상을, 사물과 현상을, 그리고 관련 요인, 조건, 환경, 상황을 있는 그대로 보면서 의사결정과 집행의 오류를 최소화했다면 후회할 필요가 없다. 실패한 뒤에 무엇이 잘못되었는가를 밝히려고 해도 사람마다 실패의 원인을 다르게 진단한다. 생각하는 힘이 약한 사람은 가지 않은 길에 대해 장밋빛 성공 시나리오를 쓰기에 후회가 따른다. 생각하는 힘이 강하면 가지 않은 길에서 만날 수 있는 난관과 불운을 상상할 수 있기에 성공 시나리오도 실패 시나리오도 아닌 있는 그대로의 시나리오를 쓰므로 후회는 들어설 여지가 없다. 관찰자가 되어 있는 그대로 보면서 의사결정과 집행의 오류를 최소화했다면 다시 그 시점으로 돌아가도 동일한 의사결정과 집행을 할 것이다. '하지 말았어야 했는데'라는 후회도 '했어야 했는데'라는 후회도 아무런 의미가 없다. 오직 자신에게 묻자. 결정하고 집행할 때 있는 그대로 보았는가?

일류 집행은 삼류 의사결정도 바꿔놓는다

알리바바의 창업자 마윈은 사업 초기에 투자금 유치를 위해 소프트뱅크의 손정의 회장을 만났다. 손정의 회장은 마윈의 사업 계획을 듣고 즉시 투자를 결정했다. 두 사람은 일류 결정과 삼류 집행, 삼류 결정과 일류 집행 중 무엇을 선택할지에 대해 대화했다. 둘 다 삼류 결정과 일류 집행을 선택했다. 이 말을 듣고 '아하, 의사결정보다 집행이 더 중요하구나!'라고 생각한다면 대화의 본질을 이해하지 못한 것이다. 그렇다고 의사결정이 집행보다 더 중요하다는 이야기는 아니다. 둘 다 중요하지만 의사결정은 집행 과정에서도 계속된다는 의미다.

요즘처럼 불확실성이 높은 시대에는 일류 의사결정을 하려고 하다가는 시간만 질질 끌고 경쟁자에게 선두를 빼앗기고 만다. 우리는 여전히 과거의 사고에 익숙해 있어서 더디더라도 일류 의사결정이 더 좋다고 오해한다. 마이크로소프트의 빌 게이츠 회장은 생각의 질보다 속도가 더 중요한 세상이라고 말한다. 일류 의사결정보다 남보다 더 빠른 삼류 의사결정이 낫다. 일류 의사결정과 일류 집행이 가장 좋지만 쉬운 일이 아니다.

우리는 의사결정이 집행 단계로 넘어가면 더 이상 변경되지 않고 그대로 집행된다고 잘못 생각한다. 세상의 모든 일은 기계적으로 그리고 단계적으로 척척 진행되지 않는다. 정치학자 아론 윌다브스키Aaron Wildavsky 교수가 정책 집행에 관한 사례 연구를 한 결과 처음 결정한 대로 진행되는 정책은 하나도 없었다. 정책은 집행 과정에서 예상하지 못한 일을 해결하기 위해 수시로 결정 사항이 변경되었다. 즉 정책 집행 단계에서도 끊임없이 정책의사결정이 이루어진 것이다. 기업은 정부보다 더 유연하기에 집행 단계에서 의사결정의 수정은 다반사로 일어난다. 정부도 기업도 결정은 집행 단계에서 수정될 수밖에 없다.

개인의 삶에 있어서도 의사결정은 집행 단계에서 수시로 수정된다. 우리가 편의상 의사결정과 집행이라고 구분하지만 의사결정이 끝나고 집행만 있는 그런 일은 삶에서 존재하지 않는다. 의사결정과 집행은 계속 교대로 반복하면서 끝까지 같이 간다. 바야흐로 세상은 복잡하고 급변하는 초불확실성의 시대다. 의사결정 후 예상하지 못한 일의 등장으로 계획을 수정해야 하는 일은 다반사로 일어난다. 우리의 삶을 한번 회고해보자. 의사결정을 잘못해서 나중에 임시변통으로 막느라 얼마나 고생하는가? 때로는 기존 결정을 포기하고 새로운 대안을 찾아 나서기도 한다.

지금까지 살면서 내 삶을 회고해보면 원래 계획대로 진행된 일이 거의 없다. 항상 의사결정은 예상하지 못한 일에 직면하고 수정과 보완을 거쳐 삶이 전혀 다른 행로로 흘러갔다. 겉으로 단조로워 보이는 삶도 자세히 들여다보면 의사결정과 집행은 항상 혼란스럽고 계속해서 수정과 보완이 필요하다. 평생 한 직장을 다니며 평탄한 가정생활을 해온 사람의 삶도 들여다보면 매일매일 의사결정과 집행의 연속이다. 여행 계획도 출발 며칠 전에 바뀌기도 하고, 예정보다 하루 더 머물기도 하고, 하루 일찍 돌아오기도 한다.

예상하지 못한 일이 발생할 때 잘 대응하면 일류 집행이고, 잘못 대응하면 삼류 집행이다. 의사결정을 잘못한 것 같다는 느낌이 오면 실망할 필요가 없다. 집행 과정에서 얼마든지 만회할 기회가 있기 때문이다. 일류 집행은 사후에 삼류 의사결정을 일류 의사결정으로 바꿔놓는다.

역술과 기복 종교

촛불혁명과 박근혜 대통령에 대한 탄핵을 거치면서 세상일이란 얼마나 한 치 앞을 볼 수 없는지 알 수 있었다. 가장 결정적인 역할을 한 언론은 종편의 하나인 JTBC다. 종편에 반대해 당 대표가 단식까지 했던 민주당은 촛불혁명 과정에서 JTBC가 이런 역할을 하리라곤 상상도 못했으며, 종편을 추진했던 이명박 대통령도 이런 반전은 예상하지 못했으리라.

거의 대부분의 경제 전문가와 정치인이 우리나라의 IMF 외환 위기를 예상하지 못했다. 그뿐인가? 서브프라임 모기지 사태로 시작된 2007년발 경제위기도 소수의 비주류 경제학자를 제외하고는 전혀 예측조차 못했다. 요즘은 불확실성이라는 단어 대신 초불확실성이라는 단어를 사용한다. 블랙스완이라는 단어는 도저히 일어날 것 같지 않은 일이 일어나는 불확실성을 묘사하는 데에 사용된다. 백조란 하얀 새다. 블랙스완이란 알고 보면 '검은 하얀 새'라는 의미이니 얼마나 말도 안 되는 단어인가. 실제로 호주에서는 블랙스완이 발견되었다고 한다.

우리나라 20~30대의 41%가 점이나 사주를 본 적이 있으며 21%가 정신과 진료나 상담을 받은 적이 있다고 한다. 삶이 하도 힘드니 위로라도 받고 싶은 거다. 나도 한때 삶이 힘들었는데 역술가의 말이 기분 나쁘지는 않았다. 딸이 남자 친구를 데려와 결혼하겠다는데 부모의 눈에 궁합만 제외하고 모두 기준 미달이다. 반대하다가 결국 허락하면서 "궁합이 그렇게 좋다네요"라고 주변에 이야기한다.

삼수를 하는 아들이 걱정되어 점을 보러 가니 이번에는 꼭 합격한단다. 그 덕분에 입시까지 몇 달 동안은 편한 마음으로 지낸다. 아들이 대학에 합격하자 역시 점쟁이가 용하다고 한다. 다른 관점에서 보면 재수 때보다 삼수하면서 공부를 더 많이 했으니 어쩌면 합격할 때가 되어 합격한 것이다. 남편이 직장생활을 한 지 10년이 지났는데 돈벌이도 승진도 밀리기만 한다. 사주를 보니 내년부터 대운이란다. 역시 남은 몇 달 동안은 기분 좋게 보낸다. 새해가 되어 남편이 승진을 했다. "역시 대운이라더니!" 하며 아내가 좋아한다. 역시 관점을 달리해 보면 승진이 계속 밀렸으니 이제 승진할 때도 된 것이다.

나는 역술인이 주식이나 부동산으로 부자가 되지 못한다면 역술은 믿을 수 없다고 생각한다. 역술인이 흔히 하는 변명은 '남의 천기는 알 수 있어도 내 천기는 알 수 없어'라는 말이다. 그럼 남을 주식이나 부동산 부자로 만들어주고 복채를 듬뿍 받으면 되지 않을까? 남의 주식이나 부동산 투자에 도움도 안 되면서 무슨 운명을 봐준다고 하나. 역술은 힘든 처지에 내몰린 사람에게 위로를 주지만 우리 삶에 실질적인 도움을 주지는 않는다. 하지만 위로를 받으려고 구태여 역술인을 찾아갈 필요가 있을까?

종교가 기복 종교로 전락하면 역술과 비슷해진다. 삼수하는 아들의 부모가 하느님께, 부처님께 기도하면 합격자 발표까지는 의지할 수 있어서 위로가 된다. 승진을 앞둔 사람의 아내가 하느님께, 부처님께 기도해도 마찬가지다. 원하는 결과가 나오면 기도의 힘이지만 원하는 결과가 나오지 않으면 기도의 힘이 부족한 거다. 참 종교가 아닌 기복 종교는 역술처럼 위로는 주지만 실질적인 도움은 안 된다.

과거를 잘 맞춘다는 역술인도 미래는 못 맞추는 법

대형 산부인과에 가보면 하루에도 여러 명의 아이가 태어난다. 사주는 태어난 년, 월, 일, 시 네 가지를 기준으로 운명을 판단하는데 시간은 두 시간을 단위로 구분하므로 그 두 시간대 안에 태어난 모든 아이는 사주가 같다. 우리나라에, 아니 전 세계에 사주가 같은 아이가 얼마나 많을까? 삼성 이건희 회장과 동일한 사주를 가지고 태어난 아이는 모두 동일한 운명일까?

역술인에 대해 평생 연구한 경희대학교 서정범 교수는 유명 역술인은 과거는 잘 맞추지만 미래는 잘 예측하지 못한다고 주장한다. 뛰어난 역술인에게는 눈치가 빠르고 사람에게 새겨진 과거를 잘 읽는 텔레파시 능력이 있는지도 모른다. 과거는 확정된 결과

이니 맞추기 쉽지만 미래는 수많은 요인, 조건, 환경, 상황에 의해 만들어질 예정이라 예측하지 못하는 거다. 과거는 경우의 수가 하나이지만 미래는 경우의 수가 수천 개다.

역술은 비과학적이니 혹시 학문적으로 미래를 연구하는 사람은 미래를 잘 맞출 수 있을까? 미래학자의 미래 예측에 대해 조사해보았더니 대부분 맞지 않았다. 운명을 말해주는 역술인을 영어로는 'fortune teller'라고 부른다. 'fortune'은 '행운'이므로 'fortune teller'는 '행운을 말해주는 사람'이다. 미래를 예측하는 미래학자는 미래를 잘 예측하지 못하지만 미래에 대해 불안해하는 사람으로 인해 돈을 번다. 미래학자를 비꼬는 의미에서 미래학자를 'fortune seller', 즉 '행운을 파는 사람'이라고 비아냥대는 사람도 있다. 역술인과는 달리 미래학자는 그럴싸한 분석 방법을 동원하지만 고대 점성술사의 예언과 큰 차이가 없다고 윌리엄 서든William A. Sherden은 주장한다.

미국의 중식당에 가면 식사를 마친 후에 운세가 적힌 종이가 들어 있는 포춘 쿠키가 나온다. 추상적이고 모호한 표현을 썼기에 대부분의 상황에 비슷하게 들어맞는다. 게다가 좋은 말이 쓰인 경우가 더 많아서 읽고는 대부분 기분이 좋아지고 다시 식당에 찾아올 확률도 높아진다. 역술인은 "문서 이동이 있을 거예요"라는 말을 자주 한다. 승진, 징계, 이직, 진학, 취업, 주택 매매, 전월세 계약, 대출, 계좌 개설, 적금 가입도 모두 문서 이동이다. 문서 이동 같은 모호한 표현은 역술인의 포춘 쿠키다.

어떤 역술인이 재벌 총수가 자기한테 찾아와 자문을 구한다고 자랑했다. 역술인은 재벌 총수에게 '투자하라'고 하거나 '투자하지 말라'고 할 거다. 하버드 경영대학원 교수에게 자문을 구해도 둘 중 하나다. 모호한 표현을 쓰면 미래를 맞추는 것 같지만 잘 살펴보면 별 도움이 안 된다. 둘 중 하나를 맞추었다고 용하다고 말할 수 있을까? 대학 합격, 승진, 투자는 모두 둘 중 하나다. 평범한 사람이 맞추면 아무도 관심을 갖지 않지만 유명 역술인이 맞추면 용하다고 한다.

AI의 예측 능력이 나날이 좋아지고 있다. 영화 〈마이너리티 리포트〉처럼 미래를 맞추고 선제 대응하는 사회가 올지도 모른다. 그때까지는 미래를 맞춘다는 사람에게 넘어가지 말고, 미래는 예측하기 어려우니 잘 대응할 수 있는 적응력을 키우는 게 최선이다. 삶이 힘들다고 역술 같은 일시적 위로에 기대보아야 절대 해결책은 나오지 않는다. 차라리 모든 요인과 조건, 환경, 상황을 있는 그대로 보고 의사결정을 하는 게 역술인에게 의존하는 것보다 낫다.

생각하며 살지 않으면
사는 대로 생각하게 된다

있는 그대로 보며 사유하고 성찰하면 명상이 된다

노후에는 몇 개월만 병상에 누워 있어도 대개가 다시 일어서기 어려워진다. 몸을 다쳐 전혀 운동을 할 수 없는 환자가 근육에 힘을 주는 상상을 하면 근력이 강화된다는 실험 결과가 있다. 여기서 중요한 것은 집중이다. 헬스클럽에 가면 트레이너가 자극을 받는 근육에 신경을 집중하라고 조언한다. 똑같은 동작을 하더라도 딴 생각을 하면 근육이 받는 자극이 약하다. 집중은 몸도 변화시킨다.

연구실로 찾아와 질문지를 꺼내 들고 나와 긴 시간을 보내는 학생이 있는가 하면, 성적이 A가 나왔다고 찾아와서 왜 A⁺를 받지 못했는지 설명해달라는 학생도 있다. 이렇게 열심히 공부하는 학생도 막상 수업 시간에는 강의에 집중하지 못하고 잡념에 빠진다. 취업 때문에 목을 매면서도 정작 면접에 가서는 딴 생각하다가 중요한 것을 놓친다. 직장에서 일을 하면서도 잡념에 빠져 합계를 다시 계산해야 하고, 예민한 직장 상사와의 대화 중 엉뚱한 생각 때문에 말실수를 한다. 계약을 성사시키려고 몇 달째 고민했으면서도 막상 계약할 때 중요한 말을 놓쳐 계약을 망친다. 문제를 가지고 끙끙대면서도 문제에 집중하지 못하는 우리는 도대체 어떻게 되먹은 걸까? 고민이 있는 게 맞기는 한 걸까?

인간은 집중을 귀찮아한다. 제멋대로 이 생각 저 생각하는 데에 익숙하다. 조금이라도 심각한 생각은 피곤해한다. 하지만 이 세상에 공짜는 없다. 좋은 의사결정과 집행은 모든 요인, 조건, 환경, 상황을 있는 그대로 보며 생각하는 힘으로 문제 해결에 집중해야 한다. 있는 그대로 보는 역량과 생각하는 힘으로 문제 해결을 사유하고 성찰하면 명상이 된다. 조건반사가 아닌 해결책을 원한다면 있는 그대로 보고 살피며 지식과 경험을 가공해야 한다.

명상은 'meditation'이 아닌 'concentration(집중)'으로 번역해야 한다는 주장이 있을 정도로 명상의 가장 큰 특징은 집중이다. 예를 들어 화두 선은 화두에 집중한다. 꿈의 실현이나 문제 해결에 집중하면 사유와 성찰은 명상이 된다. 주식 부자가 되기 위한 구체적 실천 시나리오에 집중하려면 있는 그대로 보는 역량과 생각하는 힘이 필요하다. 문제 해결을 명상하고 삶을 명상하자.

'문제가 문제다'라는 말이 있다. 문제를 잘못 이해하고 문제를 잘못 정의하면 그 자체가 문제다. 문제를 옳게 파악하려면 편견, 아집, 독선, 선입관, 도그마, 두려움, 불안 등의 렌즈를 거치지 않아야 한다. 모든 것을 있는 그대로 보고 생각하는 힘으로 사유와 성찰의 단계에 도달할 수 있어야만 문제를 바르게 정의할 수 있다.

있는 그대로 볼 수 있어야 생각하는 힘이 강해지고, 생각하는 힘이 강해야 있는 그대로 볼 수 있기에 상호의존적 개념이다. 있는 그대로 볼 수 있는 역량과 생각하는 힘이 강해야 사유와 성찰이 가능하며 비로소 명상이라고 부를 수 있다. 주식 투자를 잘하려면 있는 그대로 보는 역량과 생각하는 힘으로 지식과 경험을 가공해야 한다. 주식을 살까 팔까를 놓고 막연히 생각만 하는 것에는 한계가 있다. 머릿속에 주식에 관한 지식과 주식 투자 실전 경험이 쌓여 있어야 사유와 성찰이 위력을 발휘한다. 무에서 유가 나올 수 없고 세상에 공짜는 없다.

과정과 방법까지 명상하면 차별화된 전략이 된다

나는 주식 부자가 되는 꿈만 꾸지는 않겠다. 나는 주식 부자가 되기 위한 과정과 방법을 상상하겠다. 나는 끊임없이 부동산보다 주식이 나에게 적합한 투자일까, 증권회사 상담사에게 투자를 의뢰할까 직접 주식을 사고팔까, 개별 주식을 할까 ETF를 할까, 부족한 자금은 빌려서 투자할까 저축으로 목돈을 마련해 투자할까, 주식으로 얼마를 벌어야 내가 만족할까, 내 행복에 얼마의 돈이 필요할까 등을 사유하고 성찰하겠다. 집중해 사유하고 성찰하면 명상이 된다.

욕망은 구체적인 계획으로 변화되어야 비로소 욕망 실현의 첫걸음을 내딛는다. 과정과 방법을 생각하지 않은 채 달콤한 꿈의 과실만 상상하는 것은 몽상에 그칠 가능성이 다분하다. 명상으로서의 사유와 성찰로 검증하는 과정을 거치지 않은 꿈은 욕망의 조건반사이고 욕망의 부산물에 불과하다. 꿈이 현실적인지, 꿈을 이루기 위한 방법이 적절한지 등을 치열하게 살펴야 한다. 모든 요인, 조건, 환경, 상황을 자연과학과 사회과학의 지식과 자신의 경험에 근거해 있는 그대로 분석할 때 내 꿈은 도약한다.

주식 부자가 되어 집을 사고 스포츠카를 사는 상상을 하라면 좋아하지만 과정과 방법까지 사유, 성찰하라고 하면 피곤해한다. 담배 피우고 술 마시는 것보다야 주식 부자를 꿈꾸는 게 더 나을 테지만 이게 얼마나 효과가 있을까? 성공적인 주식 투자를 위해 필요한 모든 과정과 방법을 생략한 꿈은 그냥 꿈이다. 과정과 방법을 결과에 연결해야 꿈을 실천하는 계획이 된다. 실천 계획이 있는 꿈만이 이루어질 수 있다. 게으른 사람은 주식 부자의 즐거운 삶만 상상하며 과정과 방법에 대한 명상은 회피한다.

창업, 입시처럼 모두가 간절히 소망하는 영역에서는 간절히 소망하는 것으로는 차별화가 안 된다. 주식 부자가 되는 과정과 방법까지 명상으로서의 사유와 성찰의 검증을 거친다면 내 소망은 아무나 흉내 낼 수 없는 차별화된 꿈이 된다. 다른 사람의 꿈은 욕망의 부산물에 불과하지만 내 꿈은 욕망의 실천 계획이 있는 청사진이고 경쟁력을 가진 전략이다. 전쟁을 치르는 장수는 양쪽 진영 모두 승리를 간절하게 소망할 거다. 과정과 방법까지 명상하는 장수와 그저 이긴 뒤에 개선 행진하는 것만 꿈꾸는 장수 중 누가 승리할까? 세상을 살다 보면 공짜란 로또밖에 없다는 사실을 알게 된다. 하지만 그조차도 복권을 사는 행위를 하지 않고는 당첨될 수 없다. 그러니 세상에 공짜는 없는 셈이다. 삶이라는 전쟁터에서 승리하고 싶다면 동서고금의 명장처럼 과정과 방법에 대해서도 간절히 상상하라. 명상은 차별화된 전략이다.

지식과 경험이 없는 상태에서 꾸는 꿈은 일장춘몽일 가능성이 다분하다. 지식과 경험을 확장하기 위한 첫 번째 방법은 독서와 다양한 체험이다. 두 번째는 좋은 친구, 선배, 부모, 멘토와의 관계를 통해 그들의 지식과 경험을 내가 사용하는 것이다. 세 번째는 정보의 바다인 인터넷을 통해 타인의 지식과 경험을 접하는 것이다. 익명으로 직장 내의 갑질과 온갖 부조리를 올리는 사이트가 있다. 취업하겠다면서 이런 정보를 외면하면 과연 의사결정을 잘할 수 있을까? 공인회계사 시험을 보겠다면서 회계사의 삶이 어떤지 알아보지도 않는다면 과연 합격해도 후회하지 않을 자신이 있을까? 우리가 아무리 다양한 체험을 하고 싶어도 한계가 있다. 타인의 경험을 접하면 체험의 한계를 극복할 수 있다.

생각해야 생각하는 힘이 강해진다

"오직 모를 뿐"이라는 숭산 스님의 말씀이 오래 기억에 남는다. 나의 젊은 시절을 생각해보면 이 표현이 너무나 절실하게 와 닿는다. 그 시절, 내가 정말 아는 게 뭐가 있었나 싶다. 나 자신에 대해서는 물론이고 인간의 본성, 세상의 작동 원리, 돈과 권력의 법칙, 대중의 심리, 집단의 정서에 대해 몰라도 너무 몰랐다.

젊은 시절은 오직 모를 뿐이었다고 하자. 공자는 나이 40이면 무엇에 홀려 판단을 흐리지 않는다는 '불혹'의 나이라고 했지만 내 나이 마흔에 나는 미혹에 빠져 있었던 것 같다. 나이 50이면 하늘의 뜻을 아는 '지천명'이라는데 과연 나의 50대가 지천명이었는지도 의문이다. 100세 시대에는 지천명이 훨씬 늦게 오는 게 아닐까? 과거보다 나이에 비해 훨씬 미성숙한 게 현대인이다.

생각하는 힘을 갖지 못한 사람은 어린아이다. 나의 젊은 시절을 돌이켜보면 누가 나에게 생각하는 힘을 길러주었는가 하는 의문이 든다. 각종 통계 수치와 연구를 보면 과거에 비해 훨씬 많은 사람들이 불안, 불만, 우울증에 시달리고 있다. 대한민국의 교육 현실을 보면 한숨만 나온다. 하긴 유발 하라리Yuval Noah Harari가 인공지능의 시대에 아무 짝에도 쓸모없는 내용을 학교에서 가르치고 있다고 비판했으니 선진국도 크게 다르지 않을 거다.

KDI 조사에 의하면 고등학교를 '사활을 건 전장'으로 보는 비율이 한국 80.8%, 중국 41.8%, 미국 40.4%, 일본 13.8%였다. '함께하는 광장'으로 보는 비율은 한국 12.8%, 미국 33.8%, 중국 46.6%, 일본 75.7%였다. 서울대학교 학생 절반 이상이 우울증이라고 한다. 대한민국의 젊은이는 태어나서부터 대학에 진학할 때까지 전 세계에 유례 없는 입시 전쟁에 20년간 투입된다. 잘못된 교육 제도에 의해 망가진 채로 대학을 졸업하면 무시무시한 무한 경쟁 사회, 불평등 사회, 승자독식 사회, 불공정 사회가 기다리고 있다. 어떤 정신과 의사가 미국에서 사용되는 평가 척도를 이용해 한국 사회를 들여다보았더니 대한민국 국민의 대부분이 정상이 아니란다. 아집의 세계에 갇혀 대화가 불가능한 사람, 수단과 방법을 가리지 않고 다른 사람을 모함하는 사람, 돈과 권력으로 약자를 짓밟는 사람은 살기 좋은 나라 대한민국 곳곳에 자기만의 헬조선을 만들어놓았다.

생각하며 살지 않으면 사는 대로 생각하게 된다. 돈, 학벌, 직업, 외모가 빼어나야 강자가 아니다. 체격이 크고 힘이 좋다고 강한 사람이 아니다. 건강한 몸과 마음이 강한 사람을 만든다. 삶이란 수많은 사람과의 관계다. 갈등관계이건 거래관계이건 각자의 정신세계끼리의 대결이다. 돈, 학벌, 직업, 외모의 약자라도 높은 정신세계가 있으면 기댈 언덕이 있다. 생각하는 힘은 정신세계의 일부분이지만 정신세계란 한마디로 생각하는 힘이다. 생각하는 힘이 강한 사람으로 변화하기 위해서는 생각하는 힘이 강해야 한다.

생각하는 힘이 약한 어린이를 가르치고 다양한 경험을 하게 만들면 생각하는 힘이 강해진다. 교육의 도움 없이 생각하는 힘이 약한 어린이가 생각하는 힘이 강한 사람으로 변화되지는 않는다. 생각하는 힘이 강한 사람으로 변화하기 위해서는 교육이 필요하지만 학교 교육은 입시, 취업에 초점이 맞추어져 있다. 결국 스스로 생각하는 힘을 기르는 독학이 답이다.

독서와 대화, 토론, 글쓰기 그리고 운동과 호흡명상

대한민국의 학교는 전쟁터이지 생각하는 힘을 길러주는 곳이 아니다. 생각하는 힘이 있어야 삶에 관한 의사결정과 집행의 오류가 최소화되고 고통, 고민, 문제에 잘 대처할 수 있다. 사교육을 줄인답시고 시험 문제를 쉽게 출제하다 보니 생각하는 힘은 점점 더 필요하지 않게 된다. 인간이 얼마나 비합리적이고 비이성적이며 비논리적인지, 세상은 기계가 아니라 수많은 요인, 조건, 환경,

상황이 어우러지는 복잡계라는 사실을 학교에서 가르쳐야 한다.

서울대학교 추천도서 100선을 보면 《논어》《맹자》 같은 고전 외에는 좋은 추천인가 의문이다. 예를 들어 다윈의 《종의 기원》 대신 진화론에 대한 입문서를, 프로이트의 《꿈의 해석》보다는 심리학 개론을, 칸트의 《실천이성비판》보다는 철학 개론을, 니체의 《도덕계보학》보다는 윤리학 개론을 읽겠다. 고려대학교 추천도서 100선도 서울대학교와 비슷하다.

인문학은 분명 우리에게 혜안을 주지만 인간과 세상의 본질을 이해하려면 사회과학, 자연과학이 절대적으로 필요하다. 편한 직장은 구성원의 만족도는 높으나 행복도는 높지 않다. 너무 편하지 않은 창조적 긴장이 우리에게 유익하다. 착한 사람이 더 건강하고 오래 산다. 트라우마 같은 인간의 경험은 RNA에 영향을 미쳐 후세에 전달된다. 이런 과학적 지식은 삶에 절대적으로 필요하다. 생각하는 힘은 독학으로 키울 수밖에 없다. 인터넷에는 MIT를 비롯한 명문대 강의가 공개되고 어떤 과목이라도 온라인을 통해 배울 수 있다. 이미 대한민국의 이공계 대학원생들은 미국 사이트에서 AI 등 우리가 뒤떨어져 있는 분야를 독학한다.

대한민국의 젊은이는 입시 지옥에서 탈진해 20대 중반만 넘어가면 독서와는 담을 쌓는다. 선진국에 비하면 현저하게 책을 멀리한다. 유튜브는 독서와는 비교가 안 될 만큼 비효율적이다. 무엇보다도 동일한 분량의 지식을 책으로 읽으면 5분이면 되는데

유튜브로는 30분, 한 시간이 걸린다. 요즘 젊은이는 웹서핑을 많이 한다. 연구에 의하면 동일한 내용을 책과 웹서핑을 통해 습득하게 한 뒤 학업성취도를 비교했더니 책으로 습득한 경우가 더 높았다. 독서를 할 때는 뇌의 모드가 달라지기 때문이다.

독서와 대화, 토론, 글쓰기는 4차 산업혁명 시대에 생각하는 힘을 키워주는 가성비 끝판왕이다. 첫째, 공부하는 습관이 저절로 길러지니 학교 공부와 대학 입시에 유리하다. 학교 공부로 한 시간 앉아 있기는 어렵지만 독서로 한 시간 앉아 있기는 상대적으로 쉽다. 둘째, 독서를 통해 습득한 과학 지식은 좋은 의사결정을 위한 재료가 된다. 셋째, 독서 후 대화, 토론, 글쓰기를 해야 생각하는 힘이 가속화한다. 독서만 하면 준비운동만 하는 격이다. 대화, 토론, 글쓰기야말로 생각하는 힘을 기르는 비장의 무기다.

하버드대학교 졸업생은 글쓰기를 사회생활에 가장 유용한 능력으로 꼽았다. 사무직은 대부분 생각하고 말하고 글쓰는 업무다. 체력이 생각하는 힘을 강화하는 데에 도움이 된다는 사실은 이미 과학 연구를 통해서도 밝혀졌다. 운동과 호흡명상은 생각하는 힘을 기르는 또 하나의 좋은 방법이다. 미국에 비해 운동의 중요성을 너무 모르는 우리나라가 안타깝기만 하다. 몸뿐만이 아니라 마음을 위해서도 운동을 하자.

삶은 철학이면서 과학이다

문과 전공 중 가장 취업이 잘되는 경영학조차 공대나 의대와 비교할 때 전문성이 낮다 보니 경영학과 졸업생도 취업 걱정을 해야 하는 시대가 되었다. 여론조사에 의하면 미래가 불안하다고 말하는 대학생 중 상경계열이 제일 높았다. 취업 잘될 줄 알고 기대했는데 막상 현실은 반대이니 더 불안한 걸까? 문과 중에서 가장 들어가기 어려운 서울대학교 경영학과와 연세대학교 의대에 동시에 합격한 어떤 과학고 졸업생은 연세대학교 의대를 선택했다.

경영학과 졸업생이 취업을 걱정한다면 인문학 전공자는 어떨까? 몇 년 전부터 인문학의 위기라는 말이 나오고 인문학이 살길을 찾기 위해 문화콘텐츠학과 등을 창설해 몸부림쳤지만 과연 인문학의 위상이 무엇이냐고 한탄하는 어느 인문학자도 있다. 스티브 잡스는 인문학을 강조했지만 인문학을 좋은 교양으로 생각하는 정도지 인문학 전공자를 기업에서 채용하려고 하지는 않는다.

취업에 있어서는 여전히 인문학이 찬밥 신세지만 삶을 어떻게 살 것인가를 논하는 영역에서 인문학의 위치는 결코 만만하지 않다. 오히려 인문학의 독주 시대라는 생각이 든다. 자연과학이나 사회과학은 심리학을 제외하고는 인생에 대한 연구를 거의 하지 않는다. 문학, 역사, 철학은 인생에 대한 문제를 정면으로 다룬다. 그러다 보니 삶에 대한 논의는 인문학의 독점 영역으로 오해되고 있다.

오늘날 인생에 대한 책이나 강연을 보면 대부분 인문학자가 주도한다. '문·사·철' 같은 인문학이 삶을 논하다 보니 그럴 수밖에 없다. 나는 삶에 관한 논의를 인문학자가 주도하는 것이 자연스럽다고 생각한다. 다만 인문학만이 아니라 자연과학이나 사회과학 지식도 삶을 고민할 때 절대적으로 필요하다. 특히 세상의 본질에 대한 사회과학 지식은 생각보다 유용하다.

언젠가 사회과학자 모임에서 내가 사회과학이 과학인가에 대한 의문을 제기했더니 어떤 정치학자가 정색을 하고 "윤 교수님, 사회과학은 사기입니다"라고 말해서 모두가 웃었던 기억이 있다. 비록 사회과학이 과학인가에 대한 논란이 있을 정도로 학문적으로 인정받지 못하고는 있지만 인간과 세상의 본질에 대해 많은 지혜를 준다. 최근 뇌과학, 진화생물학, 유전학이 인간에 대한 놀라운 발견을 이어가기에 자연과학은 사람의 관심을 모으지만 사회과학은 여전히 무시당하는 수준이다.

삶에 대한 논의는 누가 주도해도 상관없으나 자연과학적·사회과학적 지식도 동원되어야 보다 심도 깊은 논의가 가능하다. 인문학은 통찰력이 있지만 '공자가 죽어야 나라가 산다'라는 말이 있을 정도로 시대에 뒤떨어진 측면도 있다. 또한 인간과 세상의 본질에 대한 이해가 얕을 때 형성된 사상이기에 오늘날 적용하기에는 부적절한 내용도 있다. 너무 '인문학, 인문학' 할 것 없다. 인간은 감성적으로 선택한 뒤 사후에 논리를 가지고 변명한다는 자연과학 연구는 직장 상사와의 관계에 큰 도움을 준다. 대한민국 노인이 자식으로부터 받는 용돈보다 국가에서 받는 복지금액이 더 크다는 사회과학 연구도 보다 나은 삶에 도움이 된다.

우리가 영어 공부에 쏟는 노력의 10만 분의 1만 인생에 관한 공부에 쏟아도 삶을 보다 잘살 수 있다. 학교에서도 가정에서도 인생에 대한 공부는 찾아볼 수가 없다. 어쩌면 인생학이라는 학문이 필요하지 않을까?

삶의 논리와 이론은
나의 평온을 위해
필요하다

논리와 이론이 있어야 욕망을 당당하게 추구할 수 있다

어떤 사람이 직장에서 엉뚱한 짓을 하자 주변에서 "아니, 그 친구 철학도 없이 왜 그런 짓을 저질러?"라는 흥미로운 말을 했다(여기서 철학이란 학문으로서의 철학이 아니라 자신의 행위에 대한 논리, 이론을 말한다). 기존 관념과 관행에 어긋나는 생각, 말, 행동은 논리와 이론을 갖추어야 당당할 수 있다. 누구의 논리, 이론이 더 우수한가에 따라 더 많은 지지를 얻기도 한다. 절대 진리가 없는 세상, 오직 모를 뿐인 세상은 기존의 제도와 윤리, 기준이 제 역할을 하지 못하는 모호함과 딜레마, 모순의 시대다. 나의 논리와 이론은 나 스스로 세운 제도, 윤리, 기준이다.

어떤 사기꾼이 아무 말도 안 했는데 스스로 자기를 변명하면서

"제가 사기를 친 것은 아니거든요"라고 했다. 나중에 확인해보니 진짜 사기를 쳤다. 그 누구도 사기를 쳤다고 공격하지 않았는데 스스로 자기가 남에게 사기꾼으로 비칠 수 있다고 판단해 무심코 뱉어버린 것이다. 인간은 알게 모르게 어릴 적부터 들어온 도덕 지침의 영향을 받는다. 악마 같은 범죄인도 스스로를 변명할 논리와 이론을 만들어낸다. 재벌 총수조차 눈치를 보느라 자가용 비행기와 고급 스포츠카의 소유에 조심하는 세상이다. 더구나 세상의 약자가 자신의 생각, 말, 행동에 대한 논리와 이론을 제시하지 못한다면 삶은 더욱 어렵다. 삶에 대한 거짓말이 무엇인지 안다고 하면서도 논리와 이론이 없으면 우리 사회의 집단 무의식이 되어버린 삶에 대한 거짓말에 또다시 속아 넘어간다.

당당하게 살고, 남의 지지를 받으면서 살고 싶다면 자신의 생각, 말, 행동에 대한 논리와 이론으로 무장하자. 나는 가급적 철학이라는 단어를 사용하고 싶지는 않다. 철학이라는 단어는 대학에서 가르치는 학문으로서의 철학을 연상하게 한다. 어떤 대한민국 고위 공직자가 독일 노조 간부와의 대화 중 칸트와 헤겔 운운하는 말에 잔뜩 기가 죽었단다. 노조가 논리나 이론이 없으면 자신의 밥그릇이나 챙기는 이기적인 조직으로 매도당하고 국민의 지지를 얻을 수 없다. 논리와 이론에 기초해 이익을 주장해야 노동자의 결속도 단단해지며 밖으로도 당당하다. 노조는 논리, 이론을 개발하기 위해 칸트와 헤겔에 의존한 것이다.

천주교 신도인 어떤 대학 교수에게 환경미화원 부부가 가구를 얻으러 왔다. 가난한 부부인 듯 행색은 누추했지만 삶에 대한 가치관과 흔들림 없는 마음가짐이 있었기에 교수는 감명을 받았다. 불교적 삶을 추구하는 그 부부에게는 불교의 지혜가 녹아 있어 감히 범접하지 못할 자신만의 영역이 느껴졌다는 것이다. 자신만의 논리와 이론은 세상의 약자에게 큰 힘이 된다.

나의 욕망은 남의 욕망, 세상의 명령과 충돌한다. 나의 논리와 이론을 다른 사람이 수용하지 않으면 내 욕망을 포기하거나 갈등을 각오해야 한다. 생각하는 힘이 없으면 내 욕망을 뒷받침하는 논리와 이론을 만들어내지 못한다. 교육이 실패한 현실에서 생각하는 힘이란 학교 공부, 시험 공부하는 능력이 아니다. 생각하는 힘은 지식을 습득하고 현상을 분석하며 대안을 마련하는 연습을 통해 길러진다. 인터넷 시대에는 강자의 말과 행동마저 쉽게 공개된다. 자신의 말과 행동에 대한 정당성과 지지를 확보할 수 있는 논리와 이론이 없으면 순식간에 추락할 수 있다.

윤리의 황금률만 준수해도 나는 소중한 사람이다

오늘날은 생각하는 삶이 비웃음과 무시를 당하는 시대다. 생각하는 힘이 없으면 자기에게 무엇이 진정한 이익인지조차 알지 못한다. 삶에서 우리가 겪는 많은 문제는 과학 지식만으로 해결할 수 없다. 생각하는 힘이 강해야 의사결정과 집행의 오류를 최소화할 수 있다. 생각하는 힘이 강한 사람은 고통에 대해 중구난방, 허둥지둥이 아닌 지혜롭고 체계적인 대안으로 대응한다.

우리는 동물의 왕국에 살고 있다. 돈, 학벌, 직업, 외모의 강자라고 해도 착하거나 여린 사람은 악하거나 억센 사람에게 당한다. 먹이사슬의 최고 정점은 돈, 학벌, 직업, 외모의 강자 중 악하거나 억센 사람이 차지한다. 우리는 각자 자신의 힘에 따라 먹이사슬의 어딘가에 위치한다. 가해자에 의해 피해자는 물어뜯기고 먹히는 삶을 산다. 강자에 의해 짓밟히고 상처받는 약자에겐 긍정, 낙관, 사랑, 감사, 겸손 등 감정의 인위적 조작보다는 생존을 위한 정직한 조언이 절실하다.

다이아몬드는 수요보다 공급이 적기에, 즉 생산량이 적어서 교환가치가 높기에 물보다 엄청나게 비싸다. 물은 인간에게 필수적이기에 내재가치가 높지만 공급이 부족하지 않기에 교환가치가 낮아 비교적 값이 싸다. 우리는 교환가치가 높은 다이아몬드가 없어도 살 수 있지만 교환가치가 낮은 물이 없으면 못 산다. 시장 자본주의 하에서는 교환가치가 내재가치보다 득세한다. 인간을 평가할 때도 물건을 평가하듯 내재가치가 아닌 교환가치로 판단의 기준을 삼는다.

돈, 학벌, 직업, 외모에 있어서 강자란 교환가치가 높은 사람이다. 돈, 학벌, 직업, 외모의 강자라도 법을 어기고 남을 괴롭히면 내재가치가 낮고 사회에 유해하다. 교환가치가 낮아도 내재가치가 높으면 사회에 유익하다. 법의 테두리 안에서 남에게 피해를 주지 않으며 주어진 일을 정직하고 성실하게 수행하는 착하거나 여린 사람은 내재가치가 높은 사회의 보물이다. 착하거나 여린 사람이 악하거나 억센 사람이 되기는 매우 어렵다. 차라리 내재가치가 높은 사람이 되는 게 좋은 전략이다.

UN 주도 하에 전 세계의 유명한 윤리학자와 종교인이 참여해 만들었으며 지구촌에 공통으로 적용될 수 있는 첫 번째 윤리 기준은 흔히 '윤리에 관한 황금률golden rule'이라고 부르는 내용이다. 즉 '내게 싫은 일을 남에게 하지 말라'이다. 성경의《마태복음》에도 "남에게 대접을 받고자 하는 대로 너희도 남을 대접하라"라고 쓰여 있고,《논어》에도 "내가 당하기 싫은 일은 남에게도 하지 말라"라는 구절이 있다. 불교의《잡아함경》에도 "만일 누가 나를 죽이려 하면 나는 좋아하지 않는다. 내가 좋아하지 않는 것이면 남도 그럴 것이다. 그런데 어떻게 남을 죽이겠는가?"라고 쓰여 있다.

윤리의 황금률만 준수해도 내재가치가 높기에 사회에 유익한 사람이 된다. 우리 모두는 사회에 소중한 사람이니 당당하게 살자. 비록 지금은 초기 단계이지만 사람의 생각을 타이핑하는 기술, 뇌 스캔 기술이 나날이 진보하고 있다. 언젠가는 사람의 마음을 읽을

수 있는 수준으로 발달해 정직하지 않을 수 없는 세상으로 진입한
다. 착하거나 여린 사람은 그날이 올 때까지 잘 버텨야 한다.

정직하고 성실한 소시민은 충분히 훌륭하다

———

나의 은사 한 분이 "애국, 정의, 자유, 민주, 공정을 이야기하는 놈
은 죄다 못되거나 사기꾼이더라구. 윤 교수, 이런 말하는 놈 조심
해"라고 하셨다. 녹취록을 들어보니 박근혜 대통령을 속여 먹은
최순실(최서원으로 개명)은 그저 입만 열면 '믿음과 신뢰'라는 말을
반복했다. 믿음과 신뢰는 동의어다. "윤 교수, 절대 조직에 충성하
지 마. 좋은 일 앞장서라고 대표로 뽑아놓고 나중엔 뒤에서 딴소리
하는 게 인간이야." 오랜 세월을 살아보니 이 말씀도 참으로 맞는
말이다.

"창랑의 물이 깨끗하면 갓끈을 씻고, 창랑의 물이 더러우면 발
을 씻으면 되는 것을"이라고 하는 〈어부사〉는 강에 스스로 몸을
던져 생을 마감한 충신 굴원을 어부가 한탄하는 곡이다. 그동안
세상을 살며 세상이 깨끗해지지 않는다고 안달복달해온 나를 어
부가 어떤 눈으로 볼까 생각해본다. 그때나 지금이나 세상은 여
전히 강자가 부리는 횡포로 가득하다.

《장자》에 보면 "당신의 인위적인 학문으로 세상이 얼마나 좋아

졌느냐?"라고 어부가 공자에게 묻는다. 공자 때나 지금이나 세상은 여전히 발 씻을 수준 밖에는 안 된다. 나는 평생 열심히 연구하고 가르쳐왔지만 '과연 나로 인해 세상이 얼마나 좋아졌을까?'라고 스스로에게 묻곤 한다. 세상은 여전히 동물의 왕국이다.

죽을 때 학문의 발전, 내 직장, 내 나라 대한민국을 위해 더 기여하지 못한 것을 후회할 것 같지는 않다. 죽음을 앞둔 사람에 대한 연구도 같은 결과가 나온다. 내가 맡은 일을 정직하고 성실하게 수행하는 것으로 충분했다. 그 이상은 하지 말았어야 했는데 직장인 학교를 위한답시고 국가를 위한답시고 학문의 발전을 위한답시고 주제넘게 훌륭한 사람 흉내를 낸 것 같다. 2020년, 코로나19로 전 국민에게 재난지원금을 지불하면서 수령 여부를 선택하게 했다. 나는 받지 않겠다고 선택했지만 다시 재난지원금 수령 대상이 되어 선택이 허용되면 나는 받겠다.

나는 그냥 평범하게 소시민적으로 살고 싶다. 내 자식에게도 훌륭하게 살라고 말하고 싶지 않다. 너무 훌륭해지려고 하면 부자연스러운 거룩함으로 변질될 우려가 있다. 평범한 소시민으로 살기에도 벅찬 세상이다. 가뜩이나 생존경쟁으로 치열한 삶을 인위적으로 끌고 가면 더 피곤하다. 살다 보니 생존경쟁에서 아찔한 순간이 많았다. 그냥 내게 주어진 일을 성실하고 정직하게 수행하고 법의 테두리 안에서 남에게 피해를 주지 않으련다. 윤리의 황금률을 지키는 것만으로도 충분히 훌륭하다. 술, 담배 안 하는 모범생으로 살자는 게 아니라 남에게 피해를 주지 않는 선에서 욕망에 충실하자는 뜻이다. 보다 공정하고 합리적인 세상이 온다면 그때 훌륭한 삶을 살아도 된다. 지금은 그저 정직하고 성실한 소시민으로 살기도 벅차다.

돈, 학벌, 직업, 외모의 강자 중 악하거나 억센 사람은 못된 짓은 골라하면서 으스대는 삶을 산다. 그들은 사회에 해를 끼치는 유해한 존재다. 윤리의 황금률을 지키면서 자기가 맡은 일에 성실하고 정직한 사람은 내재가치가 높은데도 돈, 학벌, 직업, 외모의 약자라는 이유로 기죽어 살기도 한다. 평범한 소시민도 윤리의 황금률을 지킨다면 충분히 훌륭하다.

동방가식지국

나는 그동안 항상 남의 모범이 되려 하거나 훌륭한 사람이 되려는 강박관념이 있었다. 살면서 듣는 예쁘고 거룩한 말에 나도 모르게 영향을 받아 분수에 맞지 않는 일을 하려고 한 것이다. 도덕책이나 제도권 힐링이야 그렇다 치자. 언론을 보면 상대 정당을 공격하기 위해 턱없이 높은 도덕 기준을 제시하고 이에 미달한다고 난리법석을 치는 정치인과 지도층이 너무 많다.

정치적·경제적 목적을 위해 감당하기 어려운 도덕 기준을 제시하고 조금이라도 흠이 있거나 작은 실수를 발견하면 가차 없이 도덕적 테러를 가하는 도덕 테러리스트가 한둘이 아니다. 세상의 현실이나 관행과는 동떨어진 기준을 제시하며 마치 사회의 발전을 위하는 척하는 게 요즘 언론, 법조계, 정치권이다. 우리는 '동방예의지국'이 아니라 위선을 강요당하는 '동방가식지국'에 살고 있다.

'조갑제닷컴'에 의하면 일제강점기에 《경성일보》 사장이었던 다카미야 다헤이高官太平가 해방 후 쓴 《소화昭和 시대의 장수》라는 책에는 "조선인만큼 면종복배面從腹背에 능한 민족은 없을 것이다. 늘 타민족에게, 그리고 지배층에 압박당해 인간성이 그렇게 되어 버린 것이다. 두 명 모이면 사이가 좋고 세 명 모이면 곧 싸움질이다. 남을 속이되 나는 속지 않아야겠다는 생각이 철저하다"라는 이야기가 있다. 면종복배란 뒤통수친다는 말, 등에 칼을 꽂는다는 배신을 지칭한다.

대만의 팍스콘 궈타이밍 회장은 주주총회에서 "일본인과 달리 한국인은 뒤에서 칼을 꽂는다"라고 발언해 논란이 일었다. 어떤 미국 여성은 한국에서 오랫동안 살다가 미국으로 돌아가면서 한국에서 가장 힘들었던 일이 겉과 속이 다른 한국인 때문이라고 말했다. 다른 민족은 한국인을 겉과 속이 다르다고 하는데 우리는 일본 사람을 겉과 속이 다르다고 한다.

평범한 소시민이 감당할 수 있는 윤리 기준을 제시하자. 이미 세상은 엄청나게 달라졌는데 우리 사회의 곳곳에서 도덕 테러리스트들이 활약하고 있다. 우리는 겉 다르고 속 다른 사람이 되기를 강요받고, 감당하기 어려운 윤리를 지키려다가 스스로 겉 다르고 속 다른 사람으로 전락한다.

가정의 중심이었던 아버지의 권위는 이미 무너졌다. 몇십 년 전부터 정부에 대한 신뢰도는 전 세계적으로 하락해왔다. 조사에 의하면 의사, 변호사 등 전문직에 대한 신뢰 역시 과거에 비해 하락했다. 모든 분야에서 권위가 무너지고 기존의 제도, 윤리, 기준은 힘을 잃은 지 오래다. 경제위기만 되면 돈을 마구 찍어대는 정부의 통화정책과 선명하게 대조되는 분권적 성향의 암호화폐가 미국에서는 자본시장에 진입했다. 정부가 마구 찍어댈 수 없는 화폐, 소수가 통제할 수 없는 화폐, 모두에 의해 견제되는 화폐가 암호화폐다.

악하거나 억센 사람일수록 남과 세상이 자기를 어떻게 볼까에 대해 신경 쓰기에 궤변 같은 논리와 이론을 만들어놓는다. 어렸을 때부터 은근히 자신에게 영향력을 행사한 도덕 지침 앞에서 평온해지기 위한 몸부림이다. 삶의 논리와 이론이 필요하다는 증거다. 세계화된 시대에 맞는 제도, 윤리, 기준이 정립될 때까지는 나의 생각, 말, 행동을 뒷받침하는 논리와 이론이 필요하다. 논리와 이론은 삶의 주인공이 되기 위해서가 아니라 나의 평온을 위해 필요하다.

젊은이라면 생각을 읽을 수 있는 시대를 준비하자

자기 머릿속에 든 생각을 말로 표현하지 않아도 추정해 글로 타이핑하는 기술, 뇌를 스캔하는 기술이 개발되었다. 아직은 초보 단계지만 요즘의 과학 발전 속도로 보아 머지않아 사람의 마음을 읽을 수 있다. 인류 탄생 후 최초로 사람의 마음을 읽을 수 있게 되는 것이다.

생각을 읽는 기술이 발달한다면 인류가 지구상에 출현한 지 수십만 년 만에 드디어 정직하게 살아야 하는 이유가 생긴다. 그렇다면 100세 시대를 살아야 하는 젊은이는 생전에 생각을 읽는 기술이 개발된다고 가정하고 살아야 한다. 진화생물학자인 로버트 트리버스Robert Trivers는 인간이 진화하는 과정에서 남을 속이는 '기만deceit'과 자신을 속이는 '자기기만self-deception'을 사용한다고 주장한다. 남은 물론이고 자기까지 속이는 이유는 기만이 진화 과정에서 생존에 더 유리하기 때문이다. 남을 속이는 기만은 물론이고 자기기만도 들통 나는 시대가 온다. 악하거나 억센 사람은 불리하고 착하거나 여린 사람이 유리해진다. 독재자가 기술을 악용하지만 않으면 된다.

생쥐를 대상으로 어미의 경험이 후대에 미치는 영향을 연구했다. 트라우마를 겪은 생쥐가 양육 과정에서 새끼에게 나쁜 영향을 미치는 것을 막기 위해 트라우마를 겪은 수컷과 정상인 암컷 사이에서 태어난 새끼는 수컷과 분리해 양육했다. 새끼는 트라우마를 겪지 않은 정상 생쥐의 새끼와 함께 양육했다. 따라서 트라우마를 겪은 수컷 생쥐가 새끼를 학대할 기회, 새끼가 비정상적인 환경에서 자랄 가능성은 철저하게 차단되었다. 트라우마를 겪은 생쥐의 6대에 걸친 후손까지 그 영향을 받는다는 연구가 나왔다. 트라우마가 여러 세대에 걸쳐 후성유전학적 변이를 일으킨다는 연구 결과는 어미의 경험이 자식에게 대물림된다는 의미다.

트라우마는 DNA의 염기 서열을 변형시키지는 않지만 RNA에 후성유전학적 영향을 미쳐 후대에 나쁜 영향을 전달한다. 인간을 대상으로 한 실험에서도 그 사실을 확인했기에 부모의 경험이 자식에게 대물림된다는 주장이 점점 호응을 얻고 있다. 다만 트라우마를 겪었어도 좋은 환경에서 자라면 부모의 트라우마가 영향을 미치지 않는다니 얼마나 다행인가.

앞으로 이런 후성유전학적 연구가 어떻게 진행될지는 모른다. 뉴턴과 아인슈타인의 이론에도 오류가 있었는데 하물며 이런 연구가 오류일 가능성이 왜 없겠는가. 하지만 나는 실험 결과를 주저 없이 받아들이겠다. 자식과 손주야 어떻게 되건 관심 없다는 사람이 아니라면 자식에게 물려주고 싶은 삶을 살아야 한다. 자식도 못된 짓하며 세상의 강자로 사는 게 좋다고 생각하고 악하게 산다면 생각을 읽는 기술에 의해 자식의 못된 의도까지 들통날 것이다.

인간의 경험은 대물림되는 데다가 생각을 읽는 기술이 발달하고 있기에 100세 시대의 젊은이는 다른 삶을 준비해야 한다. 당신은 생각을 읽는 기술이 빨리 발달하기를 바라는가, 최대한 늦게 발달하기를 바라는가?

3장

단단한 몸과 마음으로
상황을 직시할 것

긍정은 때로 긍정적이지 않다

직장에서, 학교에서, 사회에서 우리가 하는 고민은 모두가 세상과 관련되어 있다. 우리의 삶이 세상과 결코 유리될 수 없다면 나도 세상도 바뀌어야 한다. 일본의 젊은이, 중국의 젊은이, 미국의 젊은이들을 보면 세상이 우리를 만든다. 우리를 만드는 세상을 외면하고 나만 바꾸는 것은 한계가 있다. 세상을 바꾸기 어렵다고 하지만 나 자신도 바꾸기 어렵다. 정치야말로 세상을 가장 빠르고 효과적으로 바꾼다. 내가 정치에 관심을 갖고 투표하면 세상도 조금씩 바뀐다. 지금은 정치가 필요한 시간이다.

주인,
주인공이라는
거짓말

내 삶의 주인이 되기보다 높은 정신세계를 추구하라

세상의 약자일수록, 착하거나 여린 사람일수록 남의 눈치를 보고 비교하는 삶을 산다. 그럴수록 내가 없다는 생각이 든다. 직장인의 경우 항상 누군가의 지시를 받고 살아가기에 타인의 삶을 산다고 해도 놀랍지 않다. 주부는 남편과 자식만 있고 자신은 투명인간이라고 느낀다. 마음이 여린 사람은 차마 거절하지 못하고 끌려간다.

자신의 중대사를 내가 좋아해서가 아니라 부모가 좋아해서 결정하는 자식이 많다. 남이 하니까 생각 없이 따라하는 것, 내 삶이 아니라 남의 삶을 사는 것도 남에게 휘둘리는 것이다. 세상이 법과 윤리를 양손에 쥐고 인간에게 명령하면 거스르기 쉽지 않다.

세상의 눈치를 보는 것도 알고 보면 휘둘리는 삶이다. 이럴 때 우리는 '자기의 주인이 되어라', '삶의 주인(공)이 되어라'라는 멋진 말에 끌린다.

사람들은 흔히 자기 삶의 주인공이 되라고 하면서 자신만의 철학, 즉 가치관, 관점, 신념을 가지라고 말한다. 남에게 휘둘리는 사람도 휘둘리지 않는 사람도 자기만의 가치관, 관점, 신념이 없기는 마찬가지다. 중구난방으로 이런저런 생각, 이런저런 주장이 있을 뿐이다.

남에게 휘둘리는 사람의 다수가 자신만의 가치관, 관점, 신념이 없어서 휘둘리는 게 아니다. 대부분 세상의 약자이거나 마음이 여리거나 내세울 대안이 없거나 용기와 배짱이 부족하거나 생각하는 힘이 약해서 어떻게 해야 할지 모르기에 휘둘린다. 휘둘리지 않는 사람을 보면 가치관, 관점, 신념이 강해서가 아니라 대부분 악하거나 억센 사람이다.

누가 보아도 무리한 요구를 하는 과장에게 처음으로 'No!'라고 말한 것은 "너 정말 마음이 약하구나. 거절하지 못하고 계속 그렇게 들어주면 나중에 너 호구된다"라는 친구의 말 때문이다. 그냥 눈 딱 감고 독한 마음으로 한번 세게 저질러본 것이지 갑자기 없던 가치관, 관점, 신념이 생겨서가 아니다. 다만 이런 대응은 한번 휘둘러본 것에 불과할 뿐 자칫 뒷감당도 못하는 만용일 가능성이 다분하다.

남과 세상에 전혀 영향을 받지 않고 제멋대로 말하고 행동하는 사람의 대표적인 사례가 트럼프 미국 대통령이다. 트럼프야말로 자신만의 가치관, 관점, 신념의 화신이며 자신의 주인이자 주인공이다. 자신만의 가치관, 관점, 신념은 편견, 아집, 독선, 도그마일 위험이 너무 높다. 나는 가치관, 관점, 신념에 휘둘리지 않겠다는 전략은 좋은 방법이 아니라고 생각한다.

상사와 대화하면서 자신의 정신세계가 한 수 아래라고 실감하는 사람이 휘둘리지 않을 수 있을까? 여리거나 착한 사람이 휘둘리지 않기 위해 악하거나 억센 사람이 되려고 하는 것은 잘못된 전략이다. 다른 사람과 세상보다 더 높은 정신세계를 가지는 것이 더 좋은 전략이다.

정신세계가 높은 사람이란 쉽사리 흔들리지 않는 강한 몸과 마음을 가진 사람이다. 우리는 정신을 체력과 무관하게 생각하지만 건강하지 않으면 결코 강한 마음, 즉 흔들리지 않는 마음을 가질 수 없다. 운동을 우습게 보지 말자.

생각하는 힘이 강하고 있는 그대로 볼 수 있는 사람이 흔들리지 않는 몸과 마음을 가진 사람이다. 사유와 성찰에 이를 정도로 생각하는 힘이 강해야 한다. 인간과 세상의 본질에 대한 확고하고 체계적인 지식을 갖추어야 한다. 내용을 파악하고 해결책을 제시할 수 있는 역량이 있어야 몸과 마음이 흔들리지 않는다. 그런 사람이 진정한 강자다.

자유의지의 영역을 넓혀라

———

남의 가치관이 아닌 나의 가치관, 남의 관점이 아닌 나의 관점, 남을 위해서가 아니라 나를 위해서, 남이 하니까가 아니라 내가 좋아서 한다면 자기 삶의 주인이 된다고 말한다. 자기가 원하는 걸하는 사람이 노예가 아닌 주인이라고 한다. 결국 '내면의 소리에 귀를 기울여라', '모든 해답은 내 안에 있다', '좋아하고 잘하는 것을 하라'는 말의 연장에 불과하다.

주인, 주인공은 자신의 자유의지를 전제로 한다. 인간에게 자유의지가 없다는 최초의 뇌과학 연구가 나왔을 때 많은 논란이 있었다. 다시 정교한 연구를 반복했지만 일관되게 자유의지가 없다는 결과가 나왔다. 학계는 크게 충격을 받았다. 최근에는 자유의지가 전혀 없지는 않다는 주장도 나왔다. 이런 논란을 잠재우기 위해 철학자와 뇌과학자가 모여 700만 달러 규모의 연구 프로젝트를 시작했다. 연구가 어떤 방향으로 전개될지는 모르지만 나는 인간에게 자유의지는 있지만 그 영역이 매우 좁다고 생각한다.

인간은 자유의지의 영역이 너무 좁기에 애초부터 주인공이 될수가 없다. 인간은 자신의 유전자, 뇌신경 회로, 호르몬, 장내 미생물, 경험, 교육, 환경, 상황 등이 어우러져 선택한 것을 자신의 자유의지에 의해 선택했다고 착각한다. 우리는 그런 선택을 하도록 프로그램되어 있을 뿐이다. 어떤 뇌과학자는 인간이란 좀비에 불과하다고 말한다. 세상을 지각하고 사고하며 자발적인 행동을 계획하고 실행하는 작은 난쟁이homunculus가 우리 뇌의 무의식unconsciousness에 존재한다고 주장하는 학자도 있다. 작은 난쟁이가 시키는 대로 하면서 주인 운운하는 것은 우습지 않을까? 좀비에 불과한 인간이 주인이 되겠다고 하면 인간의 한계를 뛰어넘겠다는 야망이다. 주인이 되겠다고 하면 아주 좁은 자유의지의 영역에서만 가능한 일이니 결국 셋방살이 신세를 주인이라고 우기는 억지에 불과하다.

'담배를 끊어야 하는데'라는 말을 입에 달고 살면서도 욕망에 굴복해 어쩔 수 없이 담배를 입에 물면서 자유의지에 의한 선택이라고 말하는 게 인간이다. 우리는 자유의지에 대해 착각하고 있는 것이다. 담배를 끊는 게 자신의 주인이 되는 걸까, 담배를 피우는 게 자신의 주인이 되는 걸까? 어떤 사람은 끊어야 주인이라고 말할 거고, 어떤 사람은 피워야 주인이라고 말할 거다.

노예는 다른 사람의 이익을 위해 일한다. 과연 우리는 자기에게 무엇이 이익인지 알 수 있을까? 행동경제학은 투자자의 행태에 대한 연구를 통해 '인간은 자기에게 무엇이 이익인지 잘 모른다'는 것을 증명했다. 자기에게 무엇이 이익인지도 모르는데 주인이 되어보아야 무슨 소용인가.

많은 사람이 주식을 매도해야 한다고 말한다. 자기 마음속에서 지금은 매도 시기가 아니라고 속삭인다. 주식을 매도해야 한다는 사람의 말에 휘둘리지 않는 게 주인이 되는 걸까? 나라는 존재는 얼마나 신뢰할 수 있을까? 다른 사람과 세상은 문제투성이이고 자기는 그렇지 않다는 식으로 주인, 주인공 운운하는 것은 참으로 도움이 안 되는 말이다. 과연 다른 사람과 세상은 틀렸고 자기는 항상 옳을까? 비록 인간의 자유의지는 좁지만 사람마다 자유의지 영역의 넓이는 다르다. 정신세계가 높은 사람이란 결국 자유의지의 영역이 상대적으로 넓은 사람이다. 자유인이 되고 싶다면 나의 자유의지의 영역을 넓히자.

주인공이 아닌 관찰자

내가 정부혁신지방분권위원회 위원장을 맡아 일하면서 자주 들은 말이다. "위원장님, 화를 내셔야 합니다. 화를 안 내시면 뭐가 잘못인지 모른다니까요. 화를 안 내시면 위원장이 뭔가 켕기는 일이 있다고 오해해요." 나는 정말 하고 싶지 않았지만 잘못을 했는데도 그냥 넘어가면 구성원의 정신 상태가 해이해지고 더 큰 잘못이 발생할 수가 있다는 말에 설득되어 징계를 한 적이 있다. 지금 생각하면 꼭 그랬어야 했나 싶다. 정색을 하고 잘못을 지적하는 것으로도 충분했을 텐데 하는 생각이 든다.

나는 가끔 내가 화를 내야 할 상황이라고 느낄 때가 많다. 그런데 화가 안 난다. 내가 성인군자여서가 아니다. 인간에 대한 많은 연구를 접하고 인간을 경험하면서 화를 내봐야 무슨 소용인가 싶어서다. 그런 사람으로 태어나 그런 사람으로 자랐기에 잘못을 저지른다는 사실을 알게 되면서부터 인간에 대해 체념한 것이라고나 할까? 어쩌면 내 성향이 한몫할지도 모르지만 인간에겐 자유의지가 거의 없다는 사실을 깨닫고 나서 생긴 버릇이다. 정색을 하고 잘못을 지적하면 충분하다고 생각한다. 범죄를 저지른 사람은 법에 넘기면 된다.

자유의지가 없다고 해서 모든 게 용서되는 것은 아니다. 오히려 자유의지가 없으니 범인은 쉽게 교화되지 않고 바뀔 때까지 계속 교도소에 있어야 한다. 악하거나 억센 사람은 평생 여리거나 착한 사람에게 못된 짓을 하며 산다. 악하거나 억센 사람은 그렇게 태어나 그렇게 자란 사람이다. 자연, 타인, 세상이 그렇게 만들었다. 인간에 대한 과학적 지식을 접하면 접할수록 인간이란 사랑할 필요도 미워할 필요도 없는 존재라는 생각이 든다.

능력 중에서 가장 중요한 능력은 의사결정 능력이다. 어떤 부자가 돈을 많이 번 비결을 물으니 "저는 잘 사고 잘 팔았어요"라고 말한다. 주식도 가장 최저가에 사서 최고가에 팔면 돈을 번다. 부동산도 침체기에 사서 호황기에 팔면 돈을 번다. 그 사업가에게 그렇게 애매하게 말하지 말고 좀 더 구체적인 비결을 알려달라고 하자 나에게만 알려준다면서 다음과 같은 이야기를 들려주었다.

자기는 돈에 관한 중요한 의사결정이 있는 날이면 아침에 일찍 일어나 목욕을 하고 깨끗한 옷으로 갈아입은 다음 눈을 감고 의사결정에 대해 생각한단다. 계약을 해야 하나 말아야 하나, 조건은 어떻게 내걸까 등등에 대해 고요히 생각한다는 것이다.

그 사업가의 비결은 알고 보면 자유의지의 영역을 확대하려는 노력이다. 장밋빛 꿈에 취하면 자신의 자유의지의 영역은 좁아진다. 꿈에 취하지 않으면 자유의지의 영역이 확대된다. 비관적 시나리오에 빠져도 자유의지의 영역이 좁아진다. 낙관하다가, 비관하다가 중요한 정보를 외면하면 자유의지의 영역이 좁아진다. 생각하는 힘이 강하고 지식과 경험이 풍부하면 자유의지의 영역이 확대된다. 관찰자가 되면 감정의 인위적인 조작에서 벗어나 있는 그대로를 볼 수 있기에 인간에게 주어진 자유의지의 영역이 조금은 넓어진다. 삶의 수많은 의사결정을 잘하고 싶다면 주인공이 아니라 관찰자가 되어야 한다.

지혜란 체력, 지식, 경험, 생각하는 힘, 있는 그대로 볼 수 있는 역량, 넓은 자유의지의 복합체다

대한민국 국민이 가장 인생에서 후회하는 일 1순위는 '공부 좀 할걸'이다. 우리나라 고등학교 시절을 사활을 건 전장으로 보는 견해가 80%가 넘는다. 미국, 중국, 일본에 비해 압도적으로 높은 비율이다. 'SKY'가 아닌 서울의 기타 대학교 학생은 SKY를 부러워하고, 지방에 있는 분교 학생은 서울 캠퍼스 학생을 부러워한다. 기가 죽어 살아가는 이들에게 삶의 주인이 되라는 말은 눈물을 핑 돌게 만든다.

어떤 경영 컨설턴트가 한국의 직장인을 '영혼을 집에 두고 출근하는 직장인'이라고 묘사했다. 직장은 상사의 부당한 횡포와 불공정, 동료의 시샘과 공로 가로채기, 부하 직원의 모함과 배신 등으로 점철된 곳이다. 일이 힘들기보다 인간관계가 힘들어 직장을 옮긴다. 하지만 직장을 옮기는 사람 절반 이상이 직장을 옮기고 후회한다. 살기 좋은 대한민국 곳곳에 자리하고 있는 헬조선에서 직장인은 오늘도 위, 아래, 옆에 있는 인간과 갈등하며 살아간다. 이들 또한 자기 삶의 주인이 되라는 말에 눈물이 핑 돈다.

평생을 남편과 자식 뒷바라지하며 살다가 자식이 독립해 비로소 많은 시간을 갖게 된 주부가 과거를 회상해본다. 시부모가 돌아가실 때까지 겪었던 힘들었던 일들이 하나하나 어제 일처럼 떠오른다. 자식 세대는 남녀평등이 가능한 시대가 되었지만 되돌아보니 여성으로서 너무 많은 손해를 보고 살았다는 억울한 생각이 든다. 다시 태어나면 연애라도 실컷 해보고 결혼해야지 하는 헛된 꿈도 꾸어본다. 많은 주부들도 역시 삶의 주인이 되라는 말에 눈물이 핑 돈다.

눈물이 울컥 나는 감동이란 인위적인 감정의 조작이 개입된 증거다. 내면이라는 철학적 단어에 넘어가듯 우리는 '주인'이라는 감성적 단어에 또 넘어간다. 어떤 부자는 돈으로 안 되는 일이 없기에 제왕처럼 산다. 집에서나 직장에서나 모든 제도, 윤리, 기준은 자기가 정한다. 자기 마음대로 안 되면 오기가 나서 해코지까지 한다. 얼마나 당당하고 자존심이 높은지 삶의 주인을 넘어 주변 공간까지 지배하는 독재자다.

평생을 사회와 유리되어 산 사람은 자기 삶의 주인이 되어야 한다는 고민을 할 필요가 없다. 주인, 주인공이 되어야겠다는 결심은 다른 사람이나 세상과 갈등할 때 생긴다. 당신의 정신세계가 다른 사람의 정신세계에 좌우될 때 휘둘리는 것이다. 세상의 수준보다 나의 정신세계가 우월하지 않으면 반드시 세상에 휘둘리게 되어 있다. 세상은 생각보다 수준이 낮다.

높은 정신세계는 체력, 지식과 경험, 생각하는 힘, 있는 그대로 볼 수 있는 역량, 넓은 자유의지 영역 등으로 이루어진 생태계에 비유할 수 있다. 흔들리지 않는 몸과 마음을 가진 사람의 높은 정신세계에서 지혜가 나온다. 정신세계는 지식만으로 이루어져 있지 않다. 휘둘리지 않는 능력은 때로는 뼈와 근육에서 나온다. 체력과 지식을 우습게 보지 말자. 인간과 세상의 본질에 대한 체계적인 지식과 경험이 없는 사람의 정신세계는 어린아이와 같다. 아무리 지식과 경험이 풍부해도 생각하는 힘이 약하고 있는 그대로 보지 못하면 지식과 경험을 잘 가공하지 못한다. 있는 그대로 보지 못하는 사람은 편견, 아집, 독선, 선입관, 도그마에 휘둘리기 쉬우며 자유의지의 영역은 그만큼 좁아진다.

타인의 욕망과 거래하고 세상의 명령과 타협하라

———

한국의 어떤 부자는 사회적 위화감을 유발할까 봐 자가용 비행기를 국내에 들여놓지 못하고 일본에 세워두고 탄다. 수많은 스포츠카를 외국에 두고 해외 출장을 갈 때마다 타보는 부자도 있다. 부자조차 남을 의식하고 살 수밖에 없는 세상이다. 누구나 남의 욕망과 거래하고 세상의 명령에 타협하며 살아간다. 우리는 자신의 욕망을 충족시키기 위해서는 남의 욕망과 세상의 명령을 무시해야 한다고 착각하지만 현실은 그와 반대다.

남의 욕망과 거래하고 세상의 명령에 타협할 수도 있어야 내 욕망에 충실할 수 있다. 인간은 사회적 동물이라는 말을 구태여 꺼낼 필요도 없다. 남과 세상을 떠나 나의 욕망을 충족시킬 방법이 없기에 나의 욕망을 충족시키는 과정이란 남과 세상과 주고받는 과정이다. 정글에서 홀로 산다고 가정해보자. 나의 욕망 중 몇개나 충족이 되겠는가? 남과 세상이 있기에 내 욕망이 생기는 것이다. 따라서 욕망 충족이란 필연적으로 남과 세상의 관계에서 가능한 현상이다. 내가 강하면 내가 더 많이 갖고 내가 약하면 타인이 더 많이 갖는다. 내가 휘둘리고 있다면 내가 약하다는 증거다. 내가 조금밖에 갖지 못한다면 내가 약하다는 증거다. 내가 더 똑똑해져야 한다.

어떤 청년은 두뇌가 이과 적성이었으나 주위의 만류에도 휘둘리지 않고 꿋꿋하게 문과에 진학했다. 대학을 졸업했으나 취업이 안 되어 오랜 기간 방황하다 정부에서 제공하는 컴퓨터 직업훈련을 받고 대학 전공과는 무관한 직업을 선택했다. 본인도 컴퓨터가 적성에 맞는다고 한다. 주변의 반대에 휘둘리지 않고 문과를 선택한 행위는 주인의 선택이었을까? 주변의 말을 들었더라면 노예의 삶을 선택하는 것이었을까? 자기의 주인이 되라는 말에 솔깃하기보다는 의사결정을 잘할 수 있는 높은 수준의 정신세계를 갖는 게 더 좋다.

내가 휘둘리는 사건에는 나의 욕망, 남의 욕망, 세상의 명령이 관련되어 있다. 우리는 제일 먼저 자신의 욕망을 정직하게 들여다보아야 한다. 우리는 어려서부터 욕망을 감추고 욕망을 억제하는 내숭과 눈치의 삶을 산다. 교육을 통해 자신의 욕망을 발견하고, 자신의 욕망을 남의 욕망과 세상의 명령에 맞추는 방법을 배워야 한다. 오늘날의 교육은 그저 욕망을 부끄러워하고 억압하는 데에만 초점이 맞추어져 있다. 교육의 실패로 우리는 자신의 욕망을 알지도 못한 채 보이지 않는 욕망에 이끌리는 삶을 산다. 성장 과정에서 자신의 욕망을 발견하지 못하면 자기가 누구인지도 모르고 사는 것이나 다름없다.

우리는 삶을 단순화할 생각은 안 하고 복잡한 삶 속에서 생기는 온갖 문제에 어떻게 잘 대응할까만 생각한다. 내가 포기하고 싶지 않은 욕망 중 내가 감당할 수 있는 욕망만을 남기고 나머지는 가지치기를 하자. 인간은 모든 욕망을 감당할 수 있을 만큼 대단한 존재가 아니다. 남의 욕망과 거래하고 세상의 명령과 타협하는 과정에서 내가 감당할 수 있는 욕망, 내가 포기할 수 없는 욕망이 정해진다. 이때 약자는 많이 양보하고 강자는 조금 양보한다. 욕망이 부는 대로 욕망이 지는 대로 살고 싶다면 강자가 되어야 한다. 더 많은 욕망을 포기해야 하는 약자라면 흔들리지 않는 몸과 마음이라는 다른 차원의 강자가 되는 게 좋은 전략이다. 높은 정신세계를 추구하는 사람이 진정한 강자다.

긍정과
낙관이라는
거짓말

실패 위험을 높이는 긍정과 낙관은 당신 편이 아니다

———

국내에도 잘 알려진 베스트셀러《긍정의 배신》의 저자 바버라 에
런라이크는 생물학 박사다. 암에 걸렸던 저자는 암환자 사이에
광범위하게 퍼져 있는 긍정적 사고가 암환자에게 오히려 해가 된
다는 사실을 발견했다. 암환자 자신은 물론이고 주변 사람도 암
에 걸리면 치유를 낙관해야 도움이 된다고 생각하는데 사실은 반
대라는 주장이다. 암에 걸리면 긍정, 낙관이 아니라 있는 그대로
보는 담담하고 차분한 자세가 필요하다.

그녀는 과학자답게 각종 연구 자료에 기초해 근거 없는 긍정이
암을 포함한 각종 병을 이기는 데에 도움이 안 된다는 사실을 밝
혔다. 예를 들어 2002년 발표된 자료를 보면 약간 우울한 여성이

전혀 우울하지 않거나 심한 우울증을 겪는 여성에 비해 더 오래 사는 것으로 나타났다.

어떻게 보면 전혀 우울하지 않은 여성은 현실을 있는 그대로 보지 못하는 것이기에 극단에 치우쳤다고 볼 수 있다. 있는 그대로 삶을 보았는데도 전혀 우울하지 않다면 정신세계의 수준이 매우 높거나 뇌신경 회로에 문제가 있는 사람이 아닐까? 긍정적 감정이 현실에 직면할 때 가장 큰 좌절을 겪는다는 연구 결과가 있다. 냉혹한 현실을 긍정이나 낙관이라는 안일한 자세로 덤비다가 장애물에 직면하면 완전히 좌절하고 무너진다.

제2차 세계대전 때 유태인 수용소에 갇혀 있던 사람들 중 누가 더 오래 살아남았을까? 당연히 낙관적인 사람이라고 생각하겠지만 연구에 의하면 낙관적인 사람 역시 일찍 죽음을 맞이했다. 예를 들어 낙관적인 사람은 '이번 크리스마스에는 미군이 해방시켜줄 거야'라고 희망을 갖는다. 크리스마스가 지나도 미군이 오지 않으면 건강이 급속도로 악화되어 죽는다. 비관적인 사람은 미군이 와서 해방시켜준다는 믿음이 처음부터 없기에 역시 일찍 죽는다.

가장 오래 살아남은 사람은 낙관도 비관도 하지 않고 있는 그대로 본 사람이었다. '미군에게 구출되는 게 그리 쉽지 않을 수도 있다. 하지만 구출되는 일이 전혀 불가능한 일은 아니다'라고 현실을 직시한 사람은 크리스마스에 미군이 오지 않아도 구출 가능성을 알기에 버텨낸다. 전혀 우울하지 않거나 심하게 우울한 사람보다 약간 우울한 사람이 더 오래 산다는 연구 결과는 유태인 수용소에서 살아남은 사람들의 사례와 유사하다. 캘리포니아대학교 연구진의 연구에 의하면 밝고 쾌활한 사람보다 신중하고 끈질긴 사람이 더 오래 산다.

긍정은 힘든 상황에서 실패 위험성을 높인다. 아주 소수의 운 좋은 사람은 평생 힘든 일을 겪지 않을 수도 있겠지만 우리의 대부분은 살면서 여러 번 힘든 일을 겪는다. 힘든 상황이 오면 절대 긍정과 낙관으로 대응하지 말자. 당신이 낙관하고 긍정한다고 해서 긍정과 낙관은 결코 당신 편이 되어주지 않는다. 긍정과 낙관이 당신을 배신할 수 있다. 긍정, 낙관 같은 인위적인 감정의 덧칠에 흔들리면 관련된 모든 것들을 있는 그대로 보지 못한다. 우리는 자칫 방심하게 되고 세상사 무엇이든 쉽게 생각한다. 긍정하고 낙관하면 무엇이든 자기 마음대로 될 것 같다. 현실은 결코 만만치 않아서 반드시 장애물에 직면한다.

낙관하고 긍정하는 사람은 장애물 앞에서 더 크게 좌절하고 더 크게 실패한다. 긍정과 낙관은 우리 사회에 만연한 분위기다. 그 누구도 긍정과 낙관 앞에 이의를 제기하지 못한다. 과학은 긍정과 낙관이 결코 우리에게 이익이 아니라고 말한다. 긍정과 낙관이 유익하다는 우리 사회의 집단 무의식을 믿을 것인가, 과학을 믿을 것인가?

뇌는 컴퓨터보다 더 효율적이지만
그만큼 결함이 있기에 오류를 저지른다

심리학 교수 리처드 하워드Richard Howard는 "반사회적이고 자기 파괴적인 행동의 상당수가 긍정적인 감정이 강한 사람이 저지르는 일"이라고 말한다. 긍정과 낙관은 위험을 불러올 수 있지만 우리는 긍정과 낙관이라는 사회 분위기에 휩쓸려 조금도 의문을 갖지 않는다.

삶이 힘들 때 긍정과 낙관은 우리를 일시적으로 위로한다. 하지만 이런 위로는 진정한 힐링이 아니고 가짜 힐링이며 결국 지속되지 못한다. 지속 가능한 치유가 되기 위해서는 병의 증상을 치유하는 게 아니라 원인을 치유해야 한다. 병원에 가서 위로만 받고 온다면 당장은 주사 안 맞고 약 안 먹어서 좋겠지만 일시적 기분 전환에 불과하다. 며칠 지나서 다시 아프면 좋았던 기분은 아무 소용이 없다.

긍정이나 낙관에 대해 조금이라도 비판적인 의견을 표출하면 '그럼 부정적 사고를 가지란 말이냐?'라고 반발할 거다. 정치는 비관 시나리오만 읊어대고 제도권 힐링은 낙관 시나리오만 읊어대니 온통 양극단만 난무한다. 긍정 아니면 부정, 낙관 아니면 비관. 왜 우리는 극단밖에 모를까? 인간의 성향이 이분법과 흑백논리의 편리함에 젖어 있기 때문이다. 우리는 그렇게 진화해왔다.

이분법과 흑백논리는 오직 두 가지만 생각하면 되니까 정보처리가 쉽다. 낙관과 비관, 긍정과 부정이라는 양극단을 피하고 있는 그대로 보려면 온갖 가능성을 고려해야 하므로 처리해야 할 정보가 증가하며 우리의 뇌에 과부하가 걸린다. 뇌는 우리 몸무게의 2%에 불과하지만 에너지의 20%를 소모한다. 뇌는 효율성을 위해 단순한 정보처리 방식으로 진화해왔다.

인간은 과대평가, 과소평가라는 양극단을 왔다갔다 하듯이 낙관과 비관, 긍정과 부정의 양극단을 왔다갔다 한다. 긍정도 부정도 아닌, 낙관도 비관도 아닌 영역이 분명 존재하기에 중도라고 불러도 좋다. 중도는 적당히 긍정적인 것, 적당히 부정적인 것, 적당히 낙관적인 것, 적당히 비관적인 것이 아니다. 중도란 긍정과 부정, 낙관과 비관이라는 양극단을 떠나 사물과 현상을 있는 그대로 보는 태도다. 사물과 현상을 있는 그대로 보면 인간과 세상의 본질을 꿰뚫어본다.

편견도 이분법과 흑백논리의 아류다. 모든 흑인을 범죄자로 간주하면 뇌의 정보처리를 단순화할 수 있다. 흑인 개개인을 만날 때마다 모범적인지 판단하려면 처리할 정보가 많아진다. 편견을 가지면 정보처리가 간단하다. 따라서 흑인을 만나면 이 사람이 어떤 사람일까를 피곤하게 따지지 않고 무조건 범죄자로 취급하는 게 편하다.

실제로 백인의 범죄율보다 흑인의 범죄율이 높으니 이런 편견은 확률적으로도 우리에게 도움을 준다. 그러나 편견으로 인해 모범적인 흑인이 손해를 보고 백인도 정직한 흑인을 놓칠 수 있다. 사소한 일에 편견을 가져도 큰 손해는 없지만 중대사일 경우 편견은 일을 망친다. 뇌의 이런 결함으로 인해 인간은 잘못된 의사결정과 집행 오류를 피할 수 없게 된다.

당신은 긍정과 낙관 때문이 아니라 몸과 마음이 강한 사람이라서 치유된 거다

———

바버라 에런라이크는 암환자의 근거 없는 긍정과 낙관은 오히려 건강에 해롭다는 근거를 과학적으로 제시한다. 어떤 암환자가 자신은 긍정적 사고로 인해 암을 이겨냈다고 하길래 자세히 들어보니 긍정적 사고가 원인이 아니라 암 치료를 이겨내는 강한 정신력과 의지가 있었기 때문이었다. 흔들리지 않는 몸과 마음은 긍정과 낙관 혹은 부정과 비관이라는 양극단에 휘둘리지 않는 건강한 몸과 마음이기에 암을 이긴다.

긍정과 낙관을 비판하면 '암환자는 그럼 무조건 절망해야 해?' 라고 오해한다. 긍정과 낙관에 치우치지 말자는 거지 부정과 비관에 치우치라는 이야기가 아니다. 암 치료의 어려움과 완치 가능성을 담담하고 차분하게 있는 그대로 보고 끈기 있게 치료를 하는 게 가장 건강한 자세다. 그래야 치료가 장애물을 만나 약간 주춤거리더라도 좌절하지 않고 버틴다.

바버라 에런라이크는 《긍정의 배신》에서 기독교가 긍정적 사고를 전파하는 핵심 세력이라고 지목한다. 하지만 긍정적 사고는 내가 믿고 있는 종교인 불교에서도 흔하다. 절에 와서 기도하면 부처님이 소원을 들어주신다고 긍정적으로 이야기해야 사찰이 번창한다. 어떤 스님이 말하기를 신도가 보시를 많이 하게 하는 방법을 알고 있지만 자기는 그런 방법을 쓰고 싶지 않다고 했다. 다만 그렇게 하니 사찰 운영이 어렵다고 고민을 털어놓았다. 기독교나 불교만이 아니라 모든 기복 종교의 어쩔 수 없는 숙명이다. 종교가 긍정이나 낙관을 이야기하지 않는다면 신도가 줄어들지도 모른다. 종말론도 구원받을 수 있는 긍정과 낙관을 이야기하니 신도가 열광한다.

정치가 양극단으로 치닫고 우리는 둘 중 하나를 선택하도록 강요받는다. 둘 중 하나를 선택하면 한쪽의 보호를 받을 수 있지만 중도에 서면 결정적 순간에 아무도 도와주지 않는다. 종교도 비슷하다. 긍정과 낙관, 부정과 비관이라는 양극단을 잘 휘두르면 신도가 돈을 많이 내놓는다. 양극단을 떠나 중도를 이야기하면 보시가 줄어든다.

미국에서는 종교인만이 아니라 심리학자, 의사, 각종 전문가가 전국을 돌며 긍정과 낙관을 전파하며 먹고 산다. 미국에서 성공학은 거대한 산업이다. 성공학 컨설턴트는 개인지도도 하는데 고가의 수업료를 받는다. 내겐 또 하나의 종교로 보인다. 마치 종교행사처럼 많은 사람이 모여 긍정과 낙관으로 성공한 사례를 서로 발표하고 부러워하며 격려한다. 거기에 조금이라도 찬물을 끼얹는 질문이나 의견은 당장 참석자들의 차가운 반응을 각오해야 한다. 잘못하면 퇴장당한다. 이런 제도권 힐링은 미국뿐만 아니라 이미 한국에도 정착되어 있다.

나도 한때 제도권 힐링의 영향을 받았기에 이 책의 내용에 반발하고 가짜 힐링에 공감하는 독자가 충분히 이해된다. 심지어 나는 가짜 힐링의 내용을 다른 사람에게 이야기하기까지 했으니 제도권 힐링의 적극적인 참여자였다. 그러나 제도권 힐링의 내용에 반대되는 자연과학·사회과학 지식을 접하면서 제도권 힐링에 대해 의문을 가지게 되었다. 과학 지식은 생각하는 힘을 키우고 생각하는 힘은 과학 지식과 결합해 우리에게 각성을 준다. 이 책은 그런 각성의 산물이다.

긍정과 낙관이 만든 장밋빛 꿈

온 세상이 긍정과 낙관이라는 처방에 중독되어 있다. 긍정과 낙관이 갖는 문제점은 외면한 채 마치 종교처럼 긍정과 낙관을 칭

송한다. 당신은 남극 탐험을 앞두고 장비가 고장 나고 눈썰매를 끄는 개가 여러 마리 죽었다면 탐험을 중단하겠는가, 강행하겠는가? 잘될 거라고 낙관하며 할 수 있다는 긍정적 사고를 가지면 용기와 의지의 상징이 되지만 모두가 위험에 처할 수도 있다. 이 사례는 문제가 발생했는데도 탐험을 강행해 결국 모두가 사망한 실제 사례다.

지나치게 낙관하다가 뒤통수를 얻어맞기도 하고 피할 수 있었던 손실을 입기도 한다. 긍정과 낙관은 문제의 근원을 덮고 사태를 악화시킨다. 어떤 사업가는 '될 때까지 해야죠', '안 되면 되게 해야죠'라는 말을 입에 달고 사는 낙관론자였다. 결과는 대실패였다. 안 되는 일을 될 때까지 하면 재앙이다.

당신의 직장이 병들었다고 느낄 때 '문제없는 조직이 어디 있어? 할 수 있다는 생각을 가져야 해'라는 긍정적 사고를 가지면 마지막 회생 기회를 놓친다. 20세기 가장 위대한 기업으로 GE가 선정되었고, 20세기 가장 위대한 경영인으로 GE의 CEO인 잭 웰치Jack Welch가 선정되었다. 잭 웰치는 조직이 잘못된 상황에서 잘못되었다고 말할 수 있는 용기가 필요하다고 주장한다.

인간은 극단으로 치닫는 성향이 있기에 성공 확률이 30%일 때 10%쯤으로 느껴진다. 실패 가능성이 더 커 보이는 거다. 누군가 낙관의 기운을 주입하면 10%의 비관적 시나리오가 30%로 원위치 된다. 성공 확률이 30%일 때 있는 그대로 보면 30%로 느껴지니 결과는 같지만 낙관하는 버릇은 삶의 곳곳에서 문제를 일으킨다. 긍정과 낙관이 위기 상황에서 실패 가능성을 높인다는 연구 결과를 기억하자. 인간은 부정과 비관 쪽으로 기울도록 진화해왔다. 그렇다고 긍정과 낙관으로 교정하려고 하면 더 큰 좌절을 초래할 수 있다.

극단으로 치닫는 인간의 성향은 성공 확률이 60%일 때 90%쯤으로 느껴진다. 성공 가능성이 더 커 보이는 거다. 누군가 비관의 기운을 주입하면 90%의 낙관적 시나리오가 60%로 원위치 된다. 성공 확률이 60%일 때 있는 그대로 보면 60%로 느껴지니 결과는 같지만 비관으로 교정하는 습관은 삶의 곳곳에서 문제를 일으킨다. 게다가 낙관으로 교정해야 할 때 비관으로, 비관으로 교정해야 할 때 낙관으로 교정하면 사태는 수습이 불가능해진다.

긍정과 낙관이 습관이 되면 지나친 자신감으로 아무 일에나 덤빌 수도 있다. 누구나 작은 정보 때문에 장밋빛 꿈을 키우다가 낭패를 본 경험을 한두 번은 했을 거다. 조금 잘한다고 말도 안 되는 꿈을 꾸다가 크게 손해를 볼 수도 있다. 부자가 되는 꿈에 홀려 사업을 하겠다며 멀쩡한 직장에 사표를 낼 수도 있다. 긍정과 낙관이 가끔 행운을 만나 큰 성공을 거두기도 하지만 그런 경우는 극히 예외적 사례일 뿐이다. 긍정과 낙관 쪽으로 기울면 반대되는 정보와 자료는 물론이고 실패 사례마저 외면하게 되어 의사결정과 집행의 오류를 저지른다.

인간은 부정과 비관에 기울도록 진화했다

———

먼 미래에 대한 대응보다 눈앞의 현실에 대한 대응이 더 위험하다고 한다. 먼 미래에 대한 대응은 예측이 어긋나도 만회할 기회가 많다. 눈앞의 현실은 재빨리 대응하기가 그만큼 어렵기에 자칫하면 회복되지 못한다. 항상 최악의 사태를 상정하고 대비책을 마련하면 갑자기 마음이 든든해진다. 최악의 사태에서도 내게 다양한 카드가 있다면 나는 그만큼 자유롭다. 최악의 사태에도 살아날 길이 있다는 사실을 미리 알면 담담하고 차분하게 물 흐르듯 최선을 다할 수 있다.

어떤 학생은 누구보다도 순조롭게 박사과정을 마쳤지만 항상 불안하다고 했다. 앞으로 남은 일이 과연 지금처럼 잘 풀릴지 걱정이 되어서다. 특별히 안 풀릴 거라고 생각되는 단서도 없지만 박사과정 입학, 종합시험 통과, 논문 제안서 심사 등을 거치면서 불확실성의 연속이었기에 이 불안이 각인되어 습관이 된 것이다. 나는 앞으로 인생이 가장 안 풀린다는 시나리오를 쓰고 거기에 대한 대비책이 있느냐고 물었다. 한참을 생각하더니 최악의 시나리오에서도 살아날 길이 있다고 했다. 당연하다. 미국에서 박사학위를 취득했는데 살아날 길이 없겠는가? 최악의 사태에도 대비책이 있으니 걱정하지 않아도 된다고 하자 마음이 정말 편해졌다고 고마워한다.

연구에 의하면 성공에 있어서 가장 중요한 요인은 포기하지 않고 끈질기게 매진하는 것이다. 근면과 성실을 긍정과 낙관에 의해 지탱하려는 시도는 위험하다. 처음에는 온갖 달콤한 시나리오에 들떠 있다가 조금만 지나면 슬그머니 제풀에 꺾이는 사람이 한둘이 아니다. 장애물이라도 나타나면 한방에 좌절한다.

인간이 부정적 정보, 위험 신호에 더 강하게 반응하도록 진화한 이유는 최악의 상황이 가져올 수 있는 위험에 대비하고자 함이다. 최악의 상황에서도 살아날 길이 있다는 것을 알면 담담하고 차분하게 대처할 수 있다. 아직 있는 그대로 보는 능력이 약하다고 생각되면 더욱 최악의 시나리오를 상정하고 살길을 찾아놓자. 우리는 매일 조금씩 있는 그대로 보는 능력이 향상되지만 완전한 수준에는 영원이 도달하지 못하고 죽음을 맞는다. 그때까지는 최악의 사태에 대한 대비책이 나를 흔들리지 않게 돕는다.

우리가 이 생각, 저 생각을 반복하는 잡념과 번뇌는 심리학에서 'blah blah' 상태라고도 부른다. 친구랑 만나서 대화하다가 갑자기 10년 전에 보았던 영화가 떠오르고, 다시 영화 주제가 뭐였더라 하다가 음악을 전공하면 참 좋겠다라는 생각으로 이어진다. 부처님은 이런 마음 상태를 원숭이가 한 나무에서 다른 나무로 옮겨가는 행동에 비유한다.

최악의 사태에 대한 대비책이 있는데도 여전히 마음이 불안하다면 잡념과 번뇌에 빠져 있는 거다. 하나, 둘, 셋… 세면서 들숨에 집중하고 하나, 둘, 셋… 세면서 날숨에 집중하자. 잡념과 번뇌가 일어나고 사라지는 것을 알아차리는 관찰자가 되면 중도의 길을 갈 수 있다. 흔들리지 않는 몸과 마음으로 있는 그대로 보며 담담하고 차분하게 중도를 유지하면 마음이 평온해진다. 직장에서, 학교에서, 사회에서 내가 결정을 잘하고 잘 집행할 수 있으려면 감정에 들뜬 상태보다 담담하고 차분한 자세가 필요하다.

나와
세상에 관한
거짓말

몸과 마음은 구별할 수 없으니 '몸마음'이라고 하자

———

원효 대사가 밤에 맛있게 물을 마시고 다음 날 일어나보니 해골에 담긴 물이었다는 유명한 고사가 있다. 불교의 '일체유심조一切唯心造'라는 표현은 '모든 것은 마음이 지어낸 것이다' 혹은 '모든 것은 마음에 달렸다'라는 일반적인 표현으로 오늘날 광범위하게 사용된다. 모두가 '마음, 마음' 하는 마음지상주의가 판을 친다. 일본에서는 한때 '마음의 시대'라는 말이 유행하기도 했다.

뇌신경 회로는 뇌세포로 구성된 몸이다. 마음은 뇌신경 회로라는 몸과 분리될 수 없다. 주변의 사랑을 받던 모범적인 사람이 뇌신경 회로를 다쳐 난폭하게 변한 사례는 뇌과학 연구 분야의 고전이다. 몸과 마음을 분리해 몸은 더럽고 탐욕적이며 마음은 깨끗하고 고귀하다고 보는 잘못된 견해도 있다. 몸이 탐욕스러우면 마음도 탐욕스럽고 마음이 탐욕스러우면 몸도 탐욕스럽다.

몸이 중요하다는 말 대신에 운동이 중요하다고 말하면 모두 동의한다. 조사에 의하면 막상 운동을 하는 사람은 20% 정도밖에 안 된다. 운동이 건강에 좋다는 사실은 알아도 성격 형성에 도움이 되고 사고력과 인내심을 강화한다는 생각은 못한다. 미국 사립학교에 유학간 아이가 방학 때 한국에 돌아왔는데 몇 달 만에 다리통이 얼마나 굵어졌는지 부모가 깜짝 놀랐다. 미국 사립학교에서는 매일 두 시간씩 운동을 시킨다. 인공지능 시대에는 천재가 아니라면 아름답고 건강한 몸이 더 경쟁력이 있다.

몸이 없으면 감정을 느낄 수도 없다. 몸의 상태에 따라 다른 감정이 나온다. 마음과 몸을 따로 분리하는 것보다는 '몸마음', '마음몸'이라는 표현이 더 정확하지만 편의상 하나의 측면에 집중할 때 마음 혹은 몸이라고 표현할 수 있다. '일체유심조'가 아니라 '일체유심신身조'가 맞다. 마음에 의해서가 아니라 몸과 마음에 의해, 나아가 인간에 의해 모든 것이 만들어진다고 보아야 한다. 이제부터 '몸마음'이라고 하자. 언어를 바꾸면 생각도 바뀐다. 많은 사람이 '마음 강조 도그마'에서 벗어나지 못하고 마음에서 몸으로 가는 일방향적 사고에 갇혀 있다. 마음에서 몸으로, 몸에서 마음으로 가는 쌍방향적 사고가 필요하다.

우리는 스트레스의 악영향 등 마음이 몸에 미치는 영향은 알고 있지만 몸이 마음에 영향을 미친다는 사실은 잘 모른다. 연세대학교 전용관 교수의 연구에 의하면 체육 활동에 많이 참여하는 청소년일수록 행복도가 더 높았다. 안구를 자주 움직이면 창의력이 높아진다. 양팔을 하늘로 쭉 뻗는 동작을 2분 정도 유지하면 자신감을 향상시키는 호르몬이 증가한다. 하반신 운동은 머리까지 혈액을 왕성하게 밀어올리기에 사고력이 높아진다. 제자와 함께 걸으며 철학을 논했던 아리스토텔레스학파는 의학적으로 볼 때 의미가 있다. 운동 직후 두뇌 활동이 최고 수준에 도달한다는 연구 결과가 있다. 운동 직후 가장 어려운 공부를 하자. 이러지도 저러지도 못하고 딜레마에 빠져 있을 때, 혹은 좋은 아이디어가 떠오르지 않아 고민할 때 만사 제쳐놓고 아리스토텔레스학파처럼 무작정 걷자. 너무 '마음, 마음' 하지 말자. 몸이 마음에 갖는 위력도 대단하다.

마음이 행동을 바꾸지만 행동이 마음을 바꾸기도 한다

인공지능과 로봇 시대에는 머리가 아무리 좋다고 뽐내보아야 천재가 아니면 인공지능 앞에선 초라하다. 로봇이 아무리 인간을 잘 복제해도 짝퉁이다. 로봇을 아무리 잘 만들어도 우리는 인간의 몸을 더 좋아할 거다. 인공지능과 로봇 시대에는 외모가 권력인 현상이 더욱 강화된다. 아름답고 건강한 몸이 어설픈 머리보다 더 경쟁력 있는 자산이다.

미국 기업에서도 외모의 강자는 승진에 유리하다. 나는 심지어 대학 교수 채용 때도 외모가 작용하는 것을 미국에서 경험했다. 논문의 질은 대개 비슷비슷하다. 외모는 이미 세상의 권력이다. 옛말에 '가난, 가난 해도 인물가난만큼 서러운 게 없다'고 했다. 중국에서는 사람을 선택할 때 '신언서판身言書判'이라는 네 가지를 기준으로 했다. '신'이란 인물이 좋은 것, '언'이란 말을 잘하는 것, '서'란 글을 잘 쓰는 것, '판'이란 판단력이 좋은 것이다. 네 가지 중 외모가 제일 먼저다.

마음이 행동을 바꾸지만 행동이 마음을 바꾸기도 한다. 마음이 바뀔 때까지 기다리다간 영원히 그 순간은 오지 않을 수도 있다. 처음에는 강제로 하는 행위가 나중에는 습관이 되고 습관에 의해 마음이 바뀐다. 깨달아서 부처가 아니라 부처의 행을 하니 부처다. 어떤 학생이 도저히 마음이 공부 쪽으로 가지 않는다고 고민했다. 나는 그 학생에게 매일 도서관에서 공부를 시작할 때와 끝낼 때 문자를 하라고 했다. 그렇게 몇 달을 했더니 다시 정상으로 돌아왔다. 나랑 약속했으니 안 할 수도 없고 강제로 하다 보니 마음이 다시 공부 쪽으로 향하기 시작한 것이다.

나는 고민이 있으면 몸이 탈진할 때까지 수영을 한다. 괜히 '마음, 마음' 할 것 없다. 몸이 마음에 미치는 효과를 직접 경험해보기 전에는 몸의 위력을 잘 모른다. 마음은 몸과 분리될 수 없지만 환경과도 분리될 수 없다. 경제적으로 여유 있는 환경에서 성장한 사람의 마음은 불운한 가정에서 자란 사람의 마음과 다르다. 장내 미생물이 인간의 마음에 영향을 미친다는 연구도 계속 나오고 있다. 최근 연구에 의하면 우울증과 자폐증 환자의 장내 미생물은 일반인과 다르다고 한다. 장내 미생물은 우리의 몸도 마음도 아니다.

마음은 세상과도 유리될 수 없다. 무한경쟁, 승자독식의 자본주의에서 자란 인간과 원시공동체나 다름없는 환경에서 자란 인간의 마음은 극과 극의 차이가 있다. 모든 것이 마음에 달려 있다고 마음을 바꾸려 해도 쉽게 바뀌지 않는다. 마음을 바꾸는 한두 가지 비결은 없다. 삶 속의 수많은 요인, 조건, 환경, 상황이 변화하면서 마음도 바뀐다.

인간은 매일매일 변화한다. 어린 시절 따뜻했던 친구가 사회에 독기를 뿜는 인간으로 변해 있기도 하고, 어린 시절 철없던 친구가 지혜로운 인간으로 변해 나타나기도 한다. 마음을 먹어도 먹어도 마음이 안 바뀌는 이유는 자연, 타인, 세상이 마음을 만들었기 때문이고, 마음은 자유의지의 영역이 지극히 좁기 때문이다. 마음이 자연, 타인, 세상에 의해 만들어지니 마음을 바꾸려면 수많은 것을 바꾸어야 한다. 사람의 마음을 바꾸는 게 그렇게 쉬울 리가 있겠는가.

나와 세상은 결코 별개가 아니므로
모든 것이 내 탓일 수는 없다

———

내가 젊고 자유로워 상상력의 한계가 없을 때 나는 세상을 변화시키겠다는 꿈을 가졌었다. 그러나 좀 더 나이가 들고 지혜를 얻었을 때 나는 세상이 변하지 않으리란 것을 알았다. 그래서 시야를 좀 더 좁혀 내가 살고 있는 나라를 변화시키겠다고 결심했다. 그러나 그것 역시 불가능한 일이라는 것을 알았다. 나는 마지막 시도로 나와 가장 가까운 내 가족을 변화시키겠다고 마음먹었다. 그러나 아무도 달라지지 않았다. 이제 죽음을 맞기 위해 자리에 누워 문득 깨닫는다. 만약 내가 나 자신을 먼저 변화시켰더라면 그것을 보고 가족들이 변화되었을 것을…. 또한 그것에 용기 내어 내 나라를 더 좋은 곳으로 바꿀 수도 있었을 것을…. 그리고 누가 아는가? 이 세상까지도 변화시켰을지. 모든 것은 나로부터 시작된다. 그리고 모든 것은 내 안의 문제다.

웨스트민스터 지하에 있는 어느 주교의 묘지 비석에 있는 글이라고 하는데 인터넷에 돌아다니는 글처럼 보인다. 처음 이 글을 접하고 나는 크게 감동했다. 나는 더 이상 이 글에 감동하지 않는다. 아름답고 감동적인 글 중에 전혀 도움이 안 되는 글이 있는데

이 글도 그중 하나다. 가해자로부터 피해를 입고 고통을 당하고 있는 내가 '모든 것이 내 안의 문제'라는 마조히즘적 자기학대까지 연출해야 하나? 내가 무엇을 잘못했는지 열심히 들여다보아야 하나? 들여다보면 볼수록 내 잘못 하나쯤은 끄집어낼 수 있다.

특히 세상의 문제와 불공정에 대해서는 이런 식의 사고방식을 가져서는 안 된다. 권력에 밉게 보여 쫓겨난 한 공무원이 '모든 것은 나로부터 시작된다. 그리고 모든 것은 내 안의 문제다'라고 스스로 자책했어야 했을까? 대학을 졸업하고 10년이 넘도록 계약직으로 살며 연애, 결혼, 출산을 포기한 3포 세대 또한 '모든 것은 나로부터 시작된다. 그리고 모든 것은 내 안의 문제다'라고 자책해야 할까?

'모든 것은 나로부터 시작된다. 그리고 모든 것은 내 안의 문제다'라는 말은 세상의 강자가 약자에게 건네주는 일종의 마약이다. '너희는 세상을 바꾸려고 노력하지 마. 아무 소용없거든. 모든 것은 네 탓이야. 너부터 변해'라고 속삭인다. 그 말은 '너희는 세상을 바꿀 수 없어. 그러니 끽 소리 하지 말고 시키는 대로 해'라는 말이다.

'모든 것은 내 안의 문제다'라고 스스로 자책한다면 '그렇게 멍청한 생각을 하니 네 탓일 수밖에'라고 반박하고 싶다. 세상의 강자는 내 탓이라고 자책하는 바보짓은 안 한다. 보통사람들의 생각과 달리 슈퍼리치의 투표율은 90%가 넘는다. 세상의 약자는

'내 탓이요' 하면서 막상 선거일에는 투표도 안 한다. 부자 중의 부자가 귀찮은 투표를 왜 기를 쓰고 하겠는가?

인간과 세상의 본질에 대한 자연과학과 사회과학 지식이 없으면 진단부터가 잘못된다. 세상의 흐름과 방향에 대한 지식이 없다면 인공지능과 로봇 시대를 헤쳐 나갈 수 없다. 더구나 지금은 100세 시대다. 나라는 존재는 자연, 타인, 세상에 의해 만들어졌는데 모든 것은 나로부터 시작한다니 무언가 생각의 방향이 잘못된 게 아닐까? 나와 세상은 결코 별개가 아니다. 문제를 잘못 정의하면 문제가 문제가 된다. 모든 것은 나로부터 시작하지도 않고 세상으로부터 시작하지도 않고 수많은 요인, 조건, 환경, 상황이 어우러져 발생한다. 인간과 세상에 대한 높은 수준의 이해가 없이는 결코 의사결정을 잘할 수 없다.

'내 탓이요'의 함정

쇼핑몰 지하주차장 입구에 긴 차량 행렬이 있었다. 내 앞의 차량이 그 앞에 멈춰 있는 차량을 향해 계속해서 빵 하고 경적을 울렸다. 다소 큰 소리였지만 길게 신경질적으로 누르는 경적은 아니었다. 그러자 그 앞의 차량에서 험한 인상에 엄청난 체구를 가진 남자가 차문을 열고 나와 경적을 울린 운전자에게 차에서 내리라고 했다. 그 운전자가 나오지 않자 차문을 발로 차며 난리를 피웠다. 운전자 옆에는 아내로 보이는 여성과 뒷자리에는 자녀로 보이는 아이가 타고 있었다.

나는 뒤에서 모든 것을 지켜보며 분노했지만 나가서 싸울 용기도 없었거니와 후환이 두려워 경찰에 신고할 생각도 못했다. 그때 '나는 절대 훌륭하게 살 수 없구나'라고 생각했다. 누가 나를 존경한다고 말하면 나는 참 쑥스럽다. 몇 십 년이 지난 오늘날에도 그 사건은 생생하게 내 기억에 남아 있다. 당신이 가족 앞에서 가장으로서의 체면과 권위가 이처럼 망가졌다고 생각해보자. 완전 트라우마 아닌가.

'차량이 줄지어 서 있는데 빨리 가면 얼마나 빨리 간다고 참을성도 없이 왜 경적을 크게 울려? 경적을 가볍게 탁하고 치면 작은 소리가 나는데 왜 꾹 눌렀어?'라고 비난하면 갑자기 피해자가 무척 못난 사람이 된다. 아니 경적만 울리지 않았다면 그런 일은 없었다. 자꾸 따지면 모든 게 '내 탓이요'다.

우리는 전체적으로 균형 감각을 가질 필요가 있다. 어차피 일방이 100% 잘하고 100% 못하는 사건은 없다. 작은 실수나 잘못을 꼬투리 잡아 철저하게 해부한 다음 죄책감을 불러 일으켜 네 탓이라고 결론짓는 행위는 전형적인 침소봉대다. 더 큰 잘못을 저지른 사람을 사실상 변호하는 이런 식의 양비론은 우리가 매일 목격하는 세상의 행태다.

'내 탓이요'라는 사고방식은 온갖 사건에 적용된다. 마음이 여리거나 착한 사람은 '내 탓이요'라는 칼날을 들이대면 스스로 자책하고 기가 죽는다. 더구나 가해자를 어떻게 해볼 수도 없는 약자는 스스로 퇴로를 찾기 위해 고민하고 있던 차에 '내 탓이요'라는 먹이를 덥석 물고 만다. 차문을 발로 차고 행패를 부린 그 험한 놈은 절대 '내 탓이요'라고 안 한다. 경적을 울린 탓이라고 말할 거다.

잘못했다는 말은 단 한마디도 안 하고 사는 사람이 있다. 뭐가 잘못되면 항상 남의 탓이다. 이런 사람에게 '내 탓이요'라는 말이 필요한데 막상 '내 탓이요'라는 말은 여리거나 착한 사람에게 건네진다. 악하거나 억센 사람은 여리거나 착한 사람에게 책임을 떠넘기고 공격한다. 층간 소음 때문에 위층에 사는 부부를 죽인 살인사건이 있었다. 샤워만 해도 아래층 사람이 올라와 항의하는 바람에 위층 사람은 바닥에 매트까지 깔고 살았다고 한다.

악하거나 억센 사람은 세상에 빚을 진 채무자다. 여리거나 착한 사람은 세상으로부터 받을 게 많은 채권자다. 오늘도 학교에서, 직장에서, 동네에서 악하거나 억센 사람은 여리거나 착한 사람을 괴롭힌다. 채무자가 채권자를 괴롭히는 동물의 왕국에서 생존하기 위해서는 강한 사람이 되어야 한다. 내가 강한 사람이 되는 것만으로는 부족하다. 세상도 변해야 한다. 좋은 사회란 약자가 덜 억울한 사회다. 나도 세상도 변해야 한다.

우리는 결코 자유인이 아니다

현 프란치스코 교황은 이전의 교황과는 확실히 달라 보인다. 교황의 철학도 멋지지만 그분이 시도하고 있는 개혁은 정치인이 본받을 만하다. 교황이 되자마자 석 달 만에 마피아 돈세탁 창구설이 나돌던 바티칸은행을 개혁하고자 바티칸은행 개혁위원회를 설치했다. 그 뒤에 바티칸 내부의 비리를 고발하는 두 권의 책이 출간되었는데 천주교 내부의 부의 축적, 스캔들, 비밀을 폭로하는 책이었다. 얼마 전에는 비리의 온상이라고 여겼던 바티칸은행이 횡령 등의 불법 행위를 40년간 저질러왔다는 것이 밝혀졌다. 바티칸은행만이 아니다. 바티칸의 회계부서에서 25조 규모의 돈세탁 혐의가 드러나 수사가 시작되었다. 개혁을 추진하는 프란치스코 교황에 반대하는 세력이 교황을 암살할지도 모른다는 경고도 나왔다.

대한민국에서 가톨릭은 개신교나 불교보다는 돈에 관해 더 정직한 종교 같다. 나는 불교 신도다. 설문조사를 보면 우리 국민의 종교에 대한 신뢰도 중 가톨릭에 대한 신뢰가 제일 높다. 신뢰도가 제일 높다고 하는 가톨릭의 교황청 비리가 이 정도면 다른 곳은 어떨까? 세상은 힘의 논리가 지배하는 곳이고 오늘날 가장 강력한 힘은 돈이다.

나는 세상 모든 곳이 힘의 논리에 의해 지배되어도 종교 집단

은 여리거나 착한 사람이 기댈 곳이라고 착각했다. 종교마저 돈
과 힘의 논리가 통하고 편견, 아집, 독선, 선입관, 도그마에서 자
유롭지 못한 것을 너무 자주 목격했다. 개신교는 예수의 말씀을
이야기하고 불교는 부처님의 말씀을 이야기하지만 대부분 마치
사업을 운영하듯 교회나 사찰을 운영하고 있다. 그렇다고 너무
실망할 필요는 없다. 인간이 만든 어떤 집단도 편견, 아집, 독선,
선입관, 도그마에서 벗어나기 어렵다. 다만 어떤 사람과 집단은
그것들의 노예가 되고 어떤 사람과 집단은 그것들의 영향에서 벗
어난다.

인간이 지구상에 출현한 뒤에 때론 돈이, 때론 정치권력이, 때
론 종교권력이 지배했지 한 번도 정의가 지배했던 시절은 없다.
오늘날도 마찬가지다. 절대 정의사회는 오지 않는다. 위로가 되
는 것은 과거보다는 조금씩이나마 세상이 좋아진다는 점이다. 세
상이 조금씩은 좋아지지만 정의사회는 영원이 오지 않을 거다.
'제법 정의로운 사회'로 갈 수 있다면 그것으로 만족해야 한다.

세상의 힘은 인간의 불완전성을 교묘하게 이용한다. 세상을 지
배하는 힘은 자유, 평등, 민주주의, 공정, 정의라는 단어로 인간을
현혹한다. 세상의 강자는 기억의 한계, 인지의 한계, 사고의 한계
를 악용해 우리를 조종한다. 역사적 사실도 힘을 가진 자의 관점
에서 만들어낸 사건의 기록이다.

우리는 자유롭게 물건을 선택하는 것 같지만 기업의 집요한 마

케팅에 조종당해 구매를 하고, 자유롭게 정치인을 선택하는 것 같지만 언론과 정당에 지속적으로 세뇌당해 투표를 한다. 독재 시대는 끝났지만 우리는 또다시 우리의 자유를 위협하는 힘으로부터 우리를 보호해야 한다. 우리는 결코 자유인이 아니다. 세상을 바꾸고 싶다면 세상을 움직이는 돈과 힘이 어떻게 우리의 생각, 말, 행동을 지배하는지 그 방법과 기술을 파악해야 한다.

위로가 아닌 변화가 필요한 시대

제도권 힐링과 성공학은 종교이고 기복 신앙이다. 기복 신앙은 대학에 합격하면 하느님, 부처님 덕분이고 불합격하면 기도가 부족했다고 말한다. 성공학은 합격하면 성공학 덕분이라고 주장하고 실패하면 믿음이 부족했다거나 확신이 없었다거나 구체적으로 꿈을 상상하지 않았다는 식의 이유를 댄다. 제도권 힐링의 '꿈에 대한 확신이 부족해요'라는 말은 종교인의 '당신의 기도가 부족해요'라는 말이나 마찬가지다. '예수 믿으면, 부처 믿으면 복받는다'라고 해야 신도가 돈도 많이 낸다. '예수가 온 진정한 이유, 부처가 온 진정한 이유' 운운하며 진지한 소리를 하기 시작하면 신도가 떠난다. 성공학도 노력, 실천 운운하면 손님이 없고 꿈, 소망 운운해야 손님이 모인다.

나는 태어나자마자 집안의 권력이었던 할머니에 의해 유아 세례를 받고 천주교 신도가 될 수밖에 없었다. 할머니가 돌아가시자 집안의 권력은 어머니에게로 이동했고 교회에서 결혼식을 올렸던 아버지, 어머니에 의해 나는 개신교로 개종했다. 홀로 되신 어머니를 우리 집으로 모시자 집안의 권력은 다시 어머니로부터 아내에게로 이동했다. 아내는 무종교였기에 나는 비로소 종교의 자유를 얻게 되었다. 불교 명상이 몸과 마음에 좋다는 말을 듣고 위파사나Vipassanā 수행을 배우다가 불교에 빠졌고, 지금은 '서우'라는 법명을 가진 불교 신도다. 그동안 내가 경험한 천주교, 개신교, 불교 모두 참된 가르침에서 많이 이탈해 있다고 생각한다.

상당수의 종교인이 제도권 힐링을 설교나 법문에 사용한다. 나도 한때 제도권 힐링의 사용자였다. 종교의 참된 모습은 실종되고 기복 신앙만 남은 종교는 제도권 힐링이나 마찬가지다. 한없이 약하고 힘든 삶을 사는 우리에게 기복 신앙은 분명 유익한 측면이 있다. 성공학도 분명 유익한 측면이 있다. 하지만 제도권 힐링이나 기복 신앙 모두 잠시 위로에만 그칠 뿐 근본적 해결책은 제시하지 못한다.

성공학은 이런 사람이 이렇게 성공했다, 저런 사람이 저렇게 성공했다는 식의 나열이다. 통계적으로 무작위 추출한 대상자를 두 그룹으로 나누어 성공학의 주장이 과연 맞는지 비교하는 과학이 아니다. 성공학은 개별 사례를 보편적 사례로 둔갑시켜 일반화하는 전설 모음집이다. 성공학은 유명 대학의 유명 교수에 의해 행해진 과학 연구를 논리의 비약, 아전인수격 해석을 통해 부적으로 만들어 판매한다.

귀찮은 일은 질색이고 가성비 유난히 따지는 현대인에게 의지, 계획성, 노력 등을 나열하면 강연은 파리를 날리고 책은 반품된다. 그저 쉽게 가야 가성비 갑이다. '부자가 되는 꿈을 꾸세요', '글로 써보세요', '간절히 소망하세요' 편의점에서 김밥 하나로 점심 때우는 것처럼 간단하다.

과거보다 갖고 싶은 것, 하고 싶은 것이 훨씬 많은 세상에 사는 현대인은 욕망의 엄청난 좌절로 위축되고 우울한 삶을 산다. 성공학은 일시적으로 우리를 꿈에 불타게 하고 위로와 희망을 준다. 역술인을 찾아가 우리가 듣고 싶은 소리를 들으면 잠시 기분이 좋듯이 성공학과 제도권 힐링을 듣고 우리는 잠시 위로를 받는다. 그렇지만 삶은 바뀌는 게 하나도 없다. 이제 기복 종교, 성공학, 제도권 힐링은 그만 제쳐두고 나와 세상의 변화에 보다 관심을 가져보자. 지금은 위로가 아니라 변화가 필요한 시대다. 제도권 힐링이 심어놓은 집단 무의식에서 벗어나면 패러다임이 전환한다. 나도 변하고 세상도 변해야 한다.

흔들리지 않는 몸과 마음은
세상의 약자가
기댈 수 있는 언덕

들숨과 날숨에 집중해 객관적 관찰자가 되자

갑자기 직장 상사가 전화를 걸어 욕을 퍼붓는다. 정신을 잃은 듯 아찔해지고 허둥지둥하다가 바보 같이 대응한다. 사랑하는 사람이 갑자기 나를 오해한다. 당황해서 설명하다 말실수를 해 상황은 더 악화된다. 한참 지나고 후회하지만 이런 일은 반복된다. 말도 안 되는 소리를 듣자 멍해지고 말문이 막혀 어물어물하다가 집에 와서 곰곰 생각하니 그때 퍼부었어야 했던 말이 생각나 그제야 가슴을 친다. 돈, 학벌, 직업, 외모의 강자만이 세상의 강자는 아니다.

돈, 학벌, 직업, 외모의 약자는 다른 차원의 강자가 되는 게 좋은 전략이다. 돈, 학벌, 직업, 외모의 약자가 갑자기 강자로 바뀌기는 매우 어렵지만 흔들리지 않는 '몸마음'을 가진 사람이 되기는 상대적으로 쉽다. 체력, 지식과 경험, 생각하는 힘, 있는 그대로 보는 역량, 넓은 자유의지의 영역 등으로 구성된 건강한 '몸마음'은 의사결정과 집행 오류를 최소화하기에 주식 투자, 부동산 투자, 직장생활, 사회생활을 더 잘할 수 있다. 건강한 몸마음을 위해서는 여러 가지가 필요하지만 그중 하나가 관찰자가 되는 것이다. 관찰자가 되면 있는 그대로 보는 역량, 생각하는 힘이 강화되고 자유의지의 영역이 확대된다.

첫째, 나 스스로 관찰자가 되어 호흡을 조절하고 장악하자. 하나, 둘, 셋… 하며 들숨에 집중하고 하나, 둘, 셋… 하며 날숨에 집중하자. 명상 천재인 부처님은 숫자를 세며 집중하는 호흡법(수식관)이 놀랄 만한 효과를 거둔다고 설하셨다.

둘째, 나로부터 유체이탈해 나를 마치 다른 사람처럼 보자. 나의 몸을 빠져나와 멀리서 나를 관찰하자.

셋째, 자기의 사례를 친구의 사례라고 생각하고 조언을 중얼거려보자. 친구의 일이라고 생각하는 순간 갑자기 주관에서 객관으로 바뀌는 인식의 전환이 느껴진다.

어떤 학생은 대학원에서 장학금을 준다는 사실이 결정적으로 작용해 대학원에 진학하려고 했다. 만약 친구의 일이라고 생각하고 조언을 해보라고 하면 '야, 너 장학금에 넘어가는 거야? 넌 취업이 맞아. 공부는 무슨 공부야!' 했을 거다. 얼마나 차이가 날까

싶겠지만 한번 해보라. 마치 친구의 일을 대하듯이 물끄러미 관련된 모든 상황을 있는 그대로 보면 치우치지 않고 최선의 의사결정과 집행을 할 수 있다. 어떤 펀드 매니저는 모의주식 투자에서는 40% 이상 수익을 내는 게 보통이고 1등을 한 적도 있는데 자기 돈으로 투자하면 10% 수익을 내기가 어렵다고 고백했다. 주식을 살 때 내가 산다고 생각하지 말고 친구가 주식을 사는데 뭐라고 조언할 것인지를 중얼거려보자. 반드시 소리 내어 말로 중얼거리자.

미국 주식시장의 지난 100년간의 자료를 분석해보면 장기 주식 투자는 부동산 투자보다 더 높은 수익을 올렸다. 주식 투자만으로 세계적인 부자가 된 워런 버핏은 주식 투자를 위해서는 머리가 아주 좋을 필요는 없다고 말한다. 시장이 붕괴할 때 공포에 사로잡힌 무차별 매도만 삼가면 장기 투자는 반드시 높은 수익률을 거둘 수 있다고 전문가가 이구동성으로 말하지만 막상 시장이 붕괴하면 이번만은 다르겠지 하면서 바닥에서 주식을 내던지고 나중에 주식이 상승할 때 허겁지겁 비싸게 매입하는 게 일반 투자자다. 당황해서 어쩔 줄 모르는 행위만 삼가도 주식 투자는 돈을 벌 수 있다. 주식이 계속 하락해도 인내심을 가지고 지켜볼 수 있는 강하고 평온한 몸마음이 중요하다. 관찰자가 되면 주식 투자도 주어진 여건 하에서 가장 잘할 수 있고, 직장 상사의 부당한 대우에도 가장 현명하게 대응할 수 있다.

고통과 즐거움부터 알아차리자

직장에서 매일같이 결정해야 하는 수많은 일들, 심지어 점심시간에 뭘 먹을까에 이르기까지 삶이란 의사결정과 집행의 연속이다. 해야 할 말을 못한 적은 왜 그렇게 많은가. 쓸데없는 말을 하고 후회한 적 또한 한두 번이 아니다. 성질을 내야 할 때는 바보처럼 가만히 있다가 쓸데없는 일에 화를 내어 일을 망친 적은 또 얼마나 많은가. 연인과의 데이트 계획을 세우는 일도 그렇게 쉽지만은 않다.

주식은 무릎에서 사고 어깨에서 팔아야 한다는 말을 수도 없이 들었으면서도 왜 막상 실천하지 못할까? 폭락하면 매입 기회라는 말을 듣고서도 막상 폭락하면 왜 모두 팔아치우고 주식 시장을 떠날까? 시시콜콜 작은 일부터 인생의 중대사까지 의사결정만 잘해도 삶은 성공한다.

나 스스로 관찰자가 되어 긍정, 낙관, 사랑, 감사, 겸손 같은 예쁘고 거룩한 말에 휘둘리지 말고 나를 둘러싼 모든 요인, 조건, 환경, 상황을 담담하게 있는 그대로 보자. 심장이 덜덜 떨리는 두려움, 미쳐버릴 것 같은 분노, 얼굴이 새빨개지는 부끄러움, 들떠서 우왕좌왕하는 그 심리를 알아차려야 자극과 공격에 가장 잘 대응할 수 있다. 관찰자는 감정, 느낌 같은 '몸마음'의 변화를 잘 알아차린다(mindfulness).

긍정, 낙관, 사랑, 감사, 겸손 등은 인위적인 감정의 덧칠이고 감정을 들뜨게 하는 약이며 술이다. 감정이 들뜨면 잠도 안 온다. 나의 주인이 되려 하지 않고 관찰자가 되면 감정의 불균형 상태에서 헤매는 나 자신을 바로 보게 된다.

있는 그대로 볼 수 있고 생각하는 힘이 강하면 나는 더 이상 감정의 좀비가 되지 않는다. 지식을 아무리 많이 습득해도 편견, 아집, 독선, 선입관, 도그마에 빠져 있으면 자유의지의 영역은 그만큼 축소되고 나는 그것들의 노예가 된다. 관찰자가 되면 감정의 인위적인 조작과 인지 능력의 한계에서 벗어나 의사결정과 집행 오류를 최소화할 수 있다.

고통과 즐거움의 순간은 강렬한 감정이라 집중하기 좋은 대상이므로 관찰자가 되는 훈련의 기회로 삼자. 고통과 즐거움이라는 강렬한 감정도 알아차리고 집중하지 못한다면 의사결정과 집행을 어떻게 잘할 수 있겠는가. 고통을 해결하는 과정에서도 우리는 막상 집중하지 못하고 잡념의 늪을 헤맨다. 화두라 생각하고 고통을 야기하는 문제들을 붙들고 집중하라.

즐거움을 누려야 할 때도 인간은 막상 즐거움에 집중하지 못한다. 사랑, 긍정, 낙관을 떠나라고 하니 온갖 즐거움까지도 멀리하라는 말로 알아듣는다. 우리는 밥을 먹으면서도 온갖 잡념에 빠져 정작 음식의 맛을 알아차리지 못한다. 알아차리지 못하면 잡념의 늪에 빠져 식사를 하게 되고(mindless eating), 알아차리면 잡념의 늪에서 벗어나 맛을 온전히 음미하게 된다(mindful eating).

인간은 가장 원초적인 두 가지 본능인 식욕과 성욕의 순간에도 막상 본능이 주는 즐거움을 누리지 못하고 쓸데없는 잡념 속에서 헤맨다. 여행을 가도 잡념의 늪에 빠져 경치의 아름다움을 만끽하지 못하고 그저 사진 찍기에 바쁘다.

고통과 즐거움을 알아차리면 관찰자가 되고 관찰자가 되면 고통과 즐거움을 더욱 잘 알아차린다. 관찰자가 되면 있는 그대로 보는 역량과 생각하는 힘이 강해지기에 투자에 관해서도 인간관계에 있어서도 의사결정과 집행 오류를 최소화할 수 있다. 얼마나 좋은가.

호흡에 집중하면 명상이 된다

우리는 긴장하거나 고민할 때 자기도 모르게 숨을 가늘게 쉬는데 흔히 '숨을 죽인다'고 한다. '숨을 죽이면 어때. 우리가 필요한 산소는 충분히 마시는데!'라고 생각한다면 오산이다. 우리는 필요한 산소를 충분히 공급받지 못한다. 어떤 학자는 충분히 산소를 마시기 위해서는 복식호흡을 하라고 권한다. 산소 부족이 암을 유발한다는 연구로 노벨상을 수상한 학자도 있다. 심지어 산소를 마시는 산소방도 있다.

심호흡을 하면 좋은 뇌파가 나온다. 뇌파는 면역력을 강화하고 마음을 안정시켜주며 유해 물질을 배출한다. 정신질환자의 대부분이 얕은 호흡만 하고 심호흡을 하지 않는다고 한다. 호흡을 관찰하면 우리가 평상시에 얼마나 가늘고 빠르게 숨을 쉬는지 알 수 있다. 스트레스가 있거나 긴장하면 호흡은 얕아지고 짧아진다. 복식호흡에 집중하면 깊고 길게 숨을 쉴 수 있고 저절로 심호흡이 된다.

연구에 의하면 포유류는 평생 심장박동 수와 호흡 횟수가 정해져 있다고 한다. 심장박동과 호흡이 빠른 동물은 수명이 짧다. 심장박동과 호흡이 긴 동물은 수명이 길다. 우리의 평생 심장박동 수와 호흡 횟수가 정해져 있다면 심장이 느리게 뛸수록, 호흡이 길수록 오래 산다. 호흡을 길게 하면 수명이 연장된다는 주장은 학계에서 아직 주류 이론은 아닌 것 같다. 다만 호흡 집중 훈련의 이점에 대한 연구는 넘쳐난다. 미국에서 학생들을 대상으로 한 연구에 의하면 호흡 집중 훈련을 받으면 학습 능력이 향상되고 심리적으로 안정된다.

고민이 있을 때 호흡을 지렛대 삼아 고민에 대처해보자. 호흡에 집중하고 알아차리면 호흡이 저절로 깊고 길어진다. 호흡명상을 하면 책을 읽을 때도, 말을 할 때도, 글씨를 쓸 때도 깊고 길고 느리게 호흡한다. 이런 상태에 도달하기 위해서는 상당한 기간의 연습이 필요하지만 시작하기만 해도 효과가 있다.

나는 대학 시절에 요가를 배웠는데 요가 강사가 "여러분은 요가를 계속하지 않으면 배운 것을 모두 잊게 됩니다. 그러나 복식호흡만은 계속 남습니다"라고 했다. 지난 수십 년 동안 나는 요가를 거의 하지 않았지만 복식호흡은 지금까지 나에게 체화되어 남아 있다. 처음에는 요가를 할 때만 복식호흡을 하고 평상시엔 다시 흉식호흡으로 돌아왔는데 몇 달 배우다 보니 24시간 복식호흡을 할 수 있게 되었다. 이왕 호흡에 집중할 거라면 복식호흡을 하자. 배를 부풀리며 숨을 마시고, 배를 집어넣으며 숨을 내뱉는 것이 복식호흡이다. 복식호흡이 어려우면 그냥 흉식호흡에 집중해도 된다.

호흡명상은 몸만이 아니라 마음도 건강하게 한다. 호흡명상은 있는 그대로 보는 역량과 생각하는 힘을 강화하기에 지식과 경험을 잘 가공해 의사결정과 집행 오류를 최소화해준다. 지식과 경험이 많아도 가공을 엉망으로 하면 아무 소용이 없다. 호흡명상은 지식과 경험을 가장 잘 활용하게 해준다.

호흡을 알아차리면 호흡에 집중하기에 관찰자가 되어 저절로 명상이 된다. 명상 천재인 부처님은 호흡명상이 놀라운 효과가 있다고 강조했다. 운동을 전혀 안 하는 사람이 '무슨 운동을 하느냐?'는 질문을 받으면 '숨쉬기 운동해요'라고 농담한다. 호흡명상이 몸에 미치는 효과는 과학적으로 충분히 입증되었으니 '숨쉬기 운동'이라는 표현은 농담이 아니라 진담인 거다.

가성비 최고의 시간절약형 몸마음 수행법

호흡과 관찰자는 쌍방향으로 작용한다. 호흡에 집중하면 관찰자가 되며 관찰자가 되면 호흡에 집중할 수 있다. 호흡에 집중하면 음식의 맛에 집중할 수 있고 내가 좋아하는 음악의 선율에 집중할 수 있다. 상대가 욕을 할 때 내가 흥분하는 것, 당황하는 것, 얼굴이 빨개지고 말이 헛나가는 것도 관찰할 수 있다. 호흡에 집중하면 내 마음이 요동치는 것을 알아차릴 수 있는 능력이 향상된다. 호흡이 짧고 얕으면 몸이 흔들리는 것이나 다름없다. 호흡이 불안하면 마음도 흔들린다. 호흡 집중 훈련은 몸마음이 건강하고 강한 사람으로의 혁신이다.

세상의 약자일수록 운동을 하자. 운동이 성격과 인격 형성에도 영향을 미친다는 운동의 장점에 대한 연구는 넘친다. 대부분 운동이 중요하다고 말만 할 뿐 운동의 중요성을 절실하게 깨닫지 못한다. 운동이라는 조언은 너무 평범해서 거론하는 것조차 망설여진다. 누구나 운동이 중요하다고 말하지만 몸에 좋다고만 생각하지 마음에 미치는 여러 가지 좋은 영향에 대해서는 잘 모른다.

인공지능 앞에서 머리 좋다고 뽐내보아야 천재가 아니면 거기서 거기다. 아름답고 건강한 몸이야 말로 인공지능 시대에 현대인의 가장 중요한 아날로그 자산이다. 운동과 호흡명상을 결합하면 몇 배의 시너지 효과가 난다. 호흡에 집중하면서 몸을 움직이면 호흡과 근육에 동시 집중이 가능하니 일거양득이고 시간도 절약된다.

억울하고 힘들수록 세상의 약자는 운동을 하자. 운동과 호흡명상을 결합하면 운동이 명상이 되고 명상이 운동이 된다. 바쁜 한국인에게 이처럼 좋은 게 없다. 지하철이나 버스에서 팔, 다리, 목, 어깨, 허리 등에 힘을 주어 근육의 긴장을 15초 정도 유지하는 '아이소메트릭스isometrics' 운동을 하며 호흡에 집중하자. 아이소메트릭스는 몸을 움직이지 않고도 신체 부위에 힘을 주거나 빼면서 하는 운동법이다. 당신을 괴롭힌 사람이 떠오를 때마다 운동 플러스 호흡명상을 하자. 당신은 날마다 조금씩 지혜롭고 평온해지며 강해진다. 운동과 호흡명상의 결합은 단순해보이지만 몸마음에 기가 막히게 유익한 수행법이다.

나는 갑자기 충격적인 일이 있거나 힘든 일이 있으면 더욱 더 호흡에 집중한다. 호흡을 관찰하면 평온해지고 좋은 해결책도 나온다. 미국의 어떤 의사가 사고로 뇌를 다쳐 생각이 강제로 멈추는 기간을 보냈는데 나중에 회복된 후 생각이 멈추었던 기간이 참으로 행복했다고 고백했다. 호흡에 집중하면 생각이 멈추니 구태여 평온을 위해 뇌를 다칠 필요가 없다. 악몽이나 고통스런 기억이 떠오를 때는 더욱 호흡에 집중하자.

관찰자가 된다는 것은 쉽지 않은 일이다. 고통의 순간에는 운동이고 호흡이고 만사가 귀찮다. 그저 망연자실한 채 생각의 늪에 빠져 온갖 잡념 속을 헤맬 뿐이다. 이럴 때일수록 '운동+호흡명상'을 하자. 하나, 둘, 셋… 숨을 마시면서 근육과 호흡에 집중하고 하나, 둘, 셋… 숨을 내뱉으며 근육과 호흡에 집중하자. 처음에는 눈을 감아도 무방하지만 나중에는 눈을 뜨고 훈련하는 게 좋다. '하나, 둘, 셋…'조차 어렵다고 하지는 않으리라 믿는다. 운동과 호흡명상이 단순하다고 우습게 보지 마라. 그 효과는 놀랍다.

마음이 불편하고 불안할 때 팔이나 다리에 힘을 주고 호흡과 근육에 집중하자

어느 모임에서 나를 처음으로 초대하면서 밥값을 지불해달라고 요청했다. 마치 밥값 낼 사람이 마땅치 않아 나를 불렀나 싶어 기분이 별로 좋지는 않았지만 초청자가 내가 워낙 좋아하는 사람이기에 가기로 했다. 식사가 끝나고 내가 밥값을 내려고 하자 두 사람이 나서며 내가 내서는 안 된다고 주장했다. 다음 번 모임에 내가 밥값을 내기로 했는데 하필 모임 당일 아침에 몸이 무척 아팠다. 옛날의 나 같으면 아무리 몸이 아파도 '밥값 내기 싫어 아프다고 핑계 댄다'는 오해받기 싫어 참석했을 거다. 더구나 이전 모임에서 내가 밥값을 내기로 했다가 다른 사람이 냈기에 불참하면 오해는 더 클 수도 있다. 그러나 나는 전화를 걸어 아파서 참석할 수 없다고 말했다. 오해하건 말건 나는 요즘 타인의 요청에 'No!'라고 대답할 때가 많다. 좀 더 자유롭게 살고 싶어서다. 남이 뭐라고 욕하건 크게 신경 쓰이지도 않는다. 조금만 둔해지면 인생이 편하다.

대학교에서 일할 때 행정학과의 일로 타학과와 갈등이 있었다. 내가 그 일의 핵심이었기에 온갖 공격은 내게 집중되었다. 아무리 좋은 일도 오해와 거짓이 난무하는 판에 학과 간의 갈등이니 나에 대한 중상모략까지 나돌았다. 평생 그렇게 미움의 대상이 된 적이 있을까 싶다. 모든 사람에게 사랑받으며 일을 할 수도 없고, 해서도 안 된다. 어떨 때는 변명 불가능한 처지에 빠져 변명할수록 못난 사람이 되니 가만히 입 다물고 덤터기를 쓸 수밖에 없다. 사회생활을 하면서 우리는 오해와 미움을 피할 수 없다. 일일이 해명할 수도 없고, 불평과 비판을 다 들어주다간 일을 진행하지도 못한다. 조금만 둔해지면 인생이 편하다.

착한 사람일수록, 모범적 삶을 사는 사람일수록 남의 눈치를 보게 된다. 하지만 미움을 받아도 별 일 없더라. 괜찮은 사람이 되려는 강박관념을 버리자. 어떤 사람이 자기 밑에서 일하는 사람이 쫓겨난 뒤에 자기 욕을 하고 다닌다고 힘들어했다. 나는 "너무 좋은 사람 되려고 하지 마시고 그놈 말대로 나쁜 사람이 되어버리세요. 그놈 욕도 하고 그놈 일을 방해도 하세요"라고 말했다. 그 사람은 내 말을 듣고 아주 마음이 편해졌다고 했다.

요즘 도덕책을 소중하게 생각하는 사람이 얼마나 될까? 하지만 '~해라, ~해야 한다'는 도덕적이고 거룩한 조언은 어렸을 때부터 인간의 마음속에 깊게 자리 잡아 틈만 나면 양심이라는 버튼을 누른다. 아름답고 거룩한 말로 내게 조언하는 사람은 나에게 조언한 뒤에 금방 나를 잊어버리고 자기 일을 한다. 그가 나에게 조언한 뒤 나를 5분이나 생각해줄까? 아니 5분이나 생각해보고 내게 조언해준 것이었을까?

옳은 행위를 하면서도 왠지 께름한 생각이 자꾸 들 때가 있다. 조금만 둔해지면 인생이 편하다는 것을 알면서도 막상 닥치면 쉽지 않다. 이럴 때 나는 팔이나 다리에 힘을 주고 하나, 둘, 셋… 세며 호흡과 근육에 집중한다. 운동과 호흡명상은 생활 속에서 현명하게 둔해지는 방법이 필요할 때도 놀라운 위력을 발휘한다.

삶은 즐거움과
생존의 장소인 세상과
유리될 수 없다

건강하게 오래 살려면

장수와 건강에 관한 연구 결과 중 종교가 중요하다는 주장이 있었다. 후속 연구는 대화, 관계, 소속감이 진짜 이유라는 사실을 규명했다. 구태여 종교를 갖지 않아도 대화, 관계, 소속감을 누리면된다. 장수할 이유가 없는데도 장수한 사람을 조사하니 사회적관계가 비결이었다.

〈나는 자연인이다〉라는 TV 프로그램을 처음 시작했을 때 인기가 그토록 좋을지 몰랐다고 한다. 자연인의 삶은 건강에 좋은 삶일까? 세상에서 상처받고 잠시 자연 속에 산다면 나름 일리가 있으나 세상을 떠난 외톨이의 삶은 인간 본연의 모습에서 이탈한삶이다. 노후에는 고독하면 우울증의 위험이 높기에 시골보다 대

도시에서 사람과 어울려야 한다. 미국 유학 시절 기숙사에서 항상 혼자 밥을 먹는 한국 학생은 "대화를 하다 보면 상대의 말 한마디 때문에 며칠씩 공부가 안 되고 마음이 흐트러진다"고 고백한 적이 있다. 외톨이 생활은 공부하는 기간 만이라면 괜찮겠지만 건강한 삶에는 치명적이다.

전 세계 장수인은 여성이 남성보다 더 많다. 하지만 이탈리아 장수촌인 사르데냐 섬의 남성들은 여성만큼 오래 산다. 그들은 틈만 나면 동네 거리나 카페에서 사람들과 어울린다. 공동체에 소속되어 좋은 사회적 관계를 유지하는 게 장수의 비결이다. 남성 노인은 여성 노인에 비해 사회관계가 서툴지만 그들은 예외다. 대화, 관계, 공동체는 인간의 본성이다. 진화 과정에서 인간과의 교류를 싫어하는 사람은 생존에 불리했고 도태되었다. 우리는 사회적 관계를 통해 즐거움을 얻고 성장한 사람의 후손이다.

세상은 식욕과 성욕 이외에 인정, 존경, 사랑에 이르기까지 모든 욕구를 충족시켜주는 장소다. 세상에서 상처받았다고 산속으로 들어가도 세상이 키운 내 욕망은 그곳에서 외롭다. 인간의 즐거움 중에 사람으로부터 받는 즐거움이 가장 크다. 코로나19로 사람을 만나지 못하게 되면서 우리는 세상에서 가장 소중한 것이 좋은 사람과의 관계라는 사실을 깨닫게 되었다.

종교 집단은 착하거나 여린 사람이 안식할 수 있는 가장 중요한 공동체이지만 제 역할을 못하고 있기에 우리 스스로 공동체를 구축하는 방법도 있다. 공동체라고 부르기엔 규모가 작지만 동창회 같은 모임은 소속감을 주고 대화와 교류를 통해 끈끈한 사회적 관계를 유지하는 장소다. 나이가 들수록 자신이 편안하게 안식할 수 있는 공동체가 장수와 건강에 도움이 된다.

온라인 공동체는 오프라인 공동체보다 여러 가지 장점이 있고 필요하면 오프라인도 병행할 수 있기에 종교 집단을 대체할 수 있는 훌륭한 대안이다. 내가 아는 어떤 젊은이는 인간관계에 서툴다. 옛날 같았으면 왕따가 되기 십상이었을 거다. 그 젊은이는 온라인으로 눈을 돌려 자신의 독특한 취향과 사고방식을 거부하지 않는 여러 사람을 발견했다. 착하거나 여린 사람이 모여 더 이상 무시당하지 않고 짓밟히지 않는 공동체를 결성해보자. 악하거나 억센 한두 사람이 위장전입을 하겠지만 공동체의 분위기와 제도, 윤리, 기준에 적응할 수 없어 힘을 쓰지 못할 거다. 모래알처럼 흩어지면 세상의 강자를 당할 수는 없지만 공동체를 결성하면 약자의 선한 공동체는 강자를 이긴다.

대화, 관계, 공동체를 통해 정신세계가 성장한다

나는 대학교에서 행정고시 지도교수, 기숙사 사감 등을 하며 학생과 수많은 상담을 했다. 긍정적으로 입소문을 타 타대학생이 찾아와 상담한 적도 있다. 학생이 와서 고민을 말하고 내가 여러 가지 질문을 하는 과정에서 학생 스스로 답을 찾기도 했다. 정신과 상담, 심리 상담도 환자 스스로 답을 찾는 경우가 많다고 한다.

대화를 통해 학생만 해결책을 찾는 게 아니라 나도 인식의 전환, 새로운 세계의 열림, 사고력 강화 등을 경험했다. 대화는 상호 성장의 기회다. 우리는 대화, 관계, 공동체를 통해 성숙한다. 특히 질문과 답변, 비판과 방어, 양보와 타협을 통해 안목이 생기고 지혜를 얻는다. 무엇보다도 머릿속에서 맴도는 삶의 논리와 이론이 대화, 관계, 공동체를 통해 구체적이고 수준 높은 논리와 이론으로 발전한다. 그것들을 통해 몽상은 희망이 되고 꿈은 계획이 된다.

외톨이 생활은 자신의 욕망을 뒷받침하는 논리와 이론이 다듬어질 기회를 놓친다. 자신의 의사결정과 집행이 개선될 수 있는 기회를 놓친다. 어떻게 보면 삶이란 타인과의 관계로 이루어져 있다. 생각하는 힘은 남과 부대끼고 대화하고 논쟁하고 갈등하는 속에서 강해진다.

나의 욕망은 타인의 욕망과 세상의 명령을 외면할 수 없다. 타인의 욕망과 거래하고 세상의 명령에 타협해야만 내 욕망이 설 자리가 생긴다. 착하거나 여린 사람, 세상의 약자일수록 남의 욕망, 세상의 명령을 무시할 수 없다. 악하거나 억센 사람은 남의 욕망과 거래하고 세상의 명령과 타협할 때 더 많은 양보를 받아낸다. 대화, 관계, 공동체의 장점은 건강하고 행복한 삶에 국한되지 않는다. 문제 해결에 도움이 되는 지혜를 얻고 나의 삶을 뒷받침하는 논리와 이론을 발전시킨다. 무엇보다도 생각하는 힘이 강화되고 정신세계의 수준이 향상된다.

과학을 통해 얻은 인간과 세상에 대한 지식은 삶에 응용되어야 한다. 다른 사람과의 대화와 관계는 우리가 얻은 과학 지식을 삶에 응용하는 좋은 기회다. 나의 삶을 뒷받침하는 논리와 이론은 대화와 관계를 통해 다듬어지지 않으면 자기 속에 갇혀 있기에 현실성과 설득력이 없고 유치한 자기 착각으로 끝난다. 아무리 공부를 잘하고 머리가 좋은 사람도 대화를 통해 자기 삶의 논리와 이론이 얼마나 쉽게 무너질 수 있는지를 경험한다. 대화와 관계를 통해 나의 삶을 뒷받침하는 논리와 이론은 다듬어지고 격이 높아진다.

문제의 해결책을 밖에서 찾는 것도 극단이고 나에게서 찾는 것도 극단이다. 나는 자연, 타인, 세상이 만든 복합체인데 남과 세상을 제외하고 해결책을 찾는다면 막힌 해결책이 될 위험이 다분하다. 나와 타인, 세상이 함께 만드는 해결책이 설득력과 현실성이 있다. 머릿속에서만 맴도는 논리와 이론은 다른 사람을 설득하지 못하고 비현실적일 소지가 다분하다. 삶의 논리와 이론은 공부가 아니라 대화와 관계를 통해 정립해야 한다. 대화와 관계는 우리에게 즐거움만 주는 게 아니라 유익하기도 하다. 내 생각을 반대할 것 같다고 대화를 기피할수록 의사결정과 집행 오류의 확률이 더 높아진다. 내 생각이 틀릴 수 있다는 사실을 알면서도 우리는 때때로 자신의 생각을 너무 신뢰한다.

세상의 약자는 슈퍼리치보다
정치에 더 많은 관심을 가져야 한다

———

노벨 경제학상을 수상한 폴 크루그먼Paul Krugman, 그리고 조셉 스티글리츠Joseph Stiglitz는 이구동성으로 경제를 바꾸려면 정치를 바꾸어야 한다고 주장한다. 정치는 세상을 가장 빠르고 효과적으로 바꿀 수 있는 수단이다. 우리가 정치를 혐오하고 투표를 포기할수록 정치는 정치인만의 리그가 된다. 슈퍼리치의 투표율이 90%가 넘는다. 부자 중의 부자가 왜 귀찮은 투표를 열심히 할까?

정치는 우리의 삶과 행복에 즉각적인 영향을 미친다. 연구에 의하면 대한민국 노인은 자식으로부터 받는 용돈보다 국가로부터 받는 돈이 더 많다. 코로나19로 파산과 해고가 속출하자 전 세계 선진국은 돈을 풀어 해결하고 있다. 정치가 밥 먹여주냐고 하지만 지금도 정치가 밥 먹여준다.

세상이 바뀌어야 한다는 말은 정치에 보다 관심을 갖고 적극적으로 참여해야 한다는 말이다. 내가 관찰자가 되면 내가 변화하고, 내가 정치에 참여하면 세상이 변화한다. 자신의 변화 못지않게 세상의 변화도 자신에게 이익을 준다. 우리가 당연하게 생각하는 인간의 권리는 정치투쟁의 산물이다. 민주주의는 독재 군주의 손에서 피를 흘려 얻은 소중한 권리다. 여성참정권, 양성평등 정책은 여성이 쟁취한 거다.

"당신의 인위적인 학문으로 세상이 얼마나 좋아졌느냐…"고 어부가 공자에게 묻듯이 나는 교수로서 스스로에게 묻는다. 내가 학문의 발전을 위해 노력한 결과 세상이 얼마나 바뀌었을까? 직장인의 노력으로 회사가 변했다고 해서 세상이 얼마나 바뀔까? 나는 교수 시절 잠시 정부혁신지방분권위원회 위원장으로 정치에 참여했다. 내 책《정부개혁의 비전과 전략》에서 나는 제주를 홍콩과 싱가포르 같은 곳으로 만들자고 제안했다. 노무현 대통령은 내 책을 읽고 제주특별자치도의 추진을 지시했다. 정부혁신지방분권위원회에서 제주특별자치도를 추진했고, 원래 나의 구상에는 많이 못 미치지만 제주와 대한민국의 변화에 상당한 영향을 미친 제도가 여러 개 실시되었다. 해외에 조기 유학을 보내는 대신 제주 국제학교에 입학시키는 학부모도 많다. 부정적인 측면도 있지만 제주는 외국인에게 영주권을 부여할 수 있을 정도의 자치권을 가지고 있다. 정부혁신지방분권위원회는 제주특별자치도 이외에도 주민투표 등 여러 가지 제도를 도입했다. 그때 나는 정치가 세상을 가장 빠르고 효과적으로 바꾼다는 사실을 경험했다.

공자의 정치는 군주를 기정사실로 인정하고 군주의 교체는 꿈도 꾸지 않은 정치였다. 지금은 우리가 투표로 대통령을 교체하고 대통령을 탄핵한다. 과거의 정치는 국민의 입장에서 볼 때 무력했지만 지금의 정치는 결코 무력하지 않다. 소수의 사람이 모여 돌풍을 일으킬 수 있는 시대다. 소극적인 사람도 온라인에서는 자신의 주장을 위해 집단행동을 하기가 용이하다. 정당에 가입하고 선거운동을 하지 않아도 평범한 소시민으로서 할 수 있는 정치 참여가 많다. 투표를 하고, 좋은 글에 '좋아요'를 누르고, 가짜 뉴스에는 비평의 댓글을 달자. 좋은 정치인이 있으면 후원하고 지지 모임에 참여하자. 개인은 세상을 바꾸기 어렵지만 정치에 참여하면 세상을 보다 쉽게 바꿀 수 있다. 돈, 직업, 학벌, 외모의 약자는 아무리 노력해도 그것의 강자가 되기는 무척 어렵다. 차라리 정치에 참여해 세상을 바꾸는 게 더 좋은 전략이다.

선한 공동체와 좋은 정치가 있으면 세상을 바꾸기 훨씬 쉽다

어떤 직원은 평소에도 성격이 만만치 않지만 술자리에서도 누구든지 자신에게 기분 나쁘게 대하면 술잔을 던진다. 물론 잘 모셔야 하는 상사에게는 조심하지만 상사도 이 사람의 거친 성격을 알기에 눈치를 본다. 이런 사람일수록 내보내면 되지 않을까 생각하지만 모든 기업이 외부에 노출되면 곤란한 비밀 수십 개 정도는 가지고 있다. 해고 결정을 내린 상사는 술잔이 아니라 칼 맞을 각오를 해야 한다. 그렇다 보니 많은 사람들이 구조조정의 직접적인 영향을 받는 와중에도 이 사람은 아주 늦게까지 살아남았다. 이건 실화다.

대부분의 인간이 약자에겐 강하고 강자에겐 약하다. 세상도 약자에겐 강하고 강자에겐 약하다. 내가 살아보니 '정의'란 힘 있는 자가 자기 마음대로 할 때 사용하거나 힘없는 자가 혹시나 하고 매달리는 애처로운 단어다. 세상에서 억울한 일을 당하지 않으려면 돈, 학벌, 직업, 외모의 강자이거나 부모가 힘이 있거나 해야 한다. 당신은 죽기 전에 억울한 일을 당하지 않을 자신이 있는가?

어떤 엘리트 부부는 자식이 공부를 못할 거라고는 상상도 못했는데 공부와 아예 담을 쌓고 대학 진학을 거부한 고졸이 될 줄은 몰랐다. 이것저것 시켜보았지만 모두 해내지 못하니 미래가 걱정스럽다. 대학을 졸업하고서도 취업을 못해 알바로 연명하다가 대리운전으로 살아가는 청년도 있다. 부모의 입장에선 어떤 아이가 탄생할지 모르니 출산이란 도박이다. 무자식 상팔자라는 말이 나온다. 당신이 아직 결혼하지 않았다면 어떤 자식을 낳을지 생각해보았는가?

저출산 대책으로 수십조 원을 퍼부었지만 출산율은 꿈쩍도 안한다. 저출산 대책을 세울 거라면 태어난 모든 생명에게 생존기본권은 보장해주어야 한다. 그렇지 않을 거라면 출산을 장려하지 말고 똑똑한 로봇을 만드는 데에 수십조 원을 쓰는 게 낫다. 정규직은 꿈도 못 꾸고 알바로 살아가는 젊은이에게, 꿈도 없고 그저 삶의 즐거움이라곤 1년에 한 번 가는 해외여행이 전부인 젊은이에게 가장 절실한 것은 생존기본권이다.

복지국가는 어떤 일이 있어도 내가 굶어 죽을 일은 없다는 확신이 있기에 따뜻한 사회다. 복지에 기대 놀고먹는 부작용도 있지만 사회는 편안하고 비정하지 않다. 요람에서 무덤까지라는 복지국가 뉴질랜드에서 복지 혜택을 축소했더니 자살률과 우울증 환자가 급증했다. 영화 〈기생충〉과 드라마 〈오징어 게임〉은 우리 사회의 현실이다. 생존기본권을 보장해도 성취 욕구가 높은 대한민국 국민은 대부분 열심히 일하고 경제는 여전히 발전하리라 생각한다. 어쩌다 약자로 태어나 약자로 자란 사람은 생존기본권이 가장 절실하다.

생존기본권이 보장되는 세상을 만들려면 정치에 관심을 가져야 한다. 생존기본권을 보장해주는 복지국가는 약자를 위한 국가다. 강자는 결코 생존기본권이 보장되는 국가를 만들려고 하지 않는다. 약자는 오직 정치 과정을 통해서만 생존기본권이 보장되는 국가를 만들 수 있다. 개인이 세상을 변화시키려면 불가능에 가깝지만 선한 공동체와 좋은 정치를 통하면 훨씬 쉽다. 설령 세상의 변화에 실패해도 보람이 있고 같이 노력하는 사람들과 대화, 관계, 공동체를 통해 즐거움을 얻을 수 있다.

순서는 없으니 되는 대로 하자

여당, 야당 대통령 후보를 보며 모두 싫다는 국민이 한둘이 아니다. 그렇지만 그런 후보를 결정한 것 또한 우리 국민이다. 국회의원을 보아도 뽑을 사람이 없다고 하지만 훌륭한 사람이 나오면 과연 우리 국민이 찍어줄까? 죽일 놈의 정치인이라고 말하지만 죽일 놈의 정치인에 열광하는 국민 때문에 그들이 당선된다.

내가 경험했던 대학 총장 선거를 보면 지식인의 선거도 평범한 국민과 다를 바가 하나도 없다. 총장은 도덕성이 높은 사람, 학문이 뛰어난 사람, 행정 능력을 검증받은 사람이 되는 것은 아니다. 선거운동을 잘하는 교수가 당선된다. 민주주의를 중우정치라고 하지만 대학 교수도 다를 게 하나 없다. 플라톤은 철학자에게 정치를 맡겨야 한다고 했지만 철학과 교수가 총장을 선출해도 마찬가지일 거다.

뇌과학의 연구에 의하면 우리가 정치적 선택을 할 때 활성화되는 뇌 부위는 이성을 관장하는 부위가 아니라 감성을 관장하는 부위다. 정치를 보면 인간 뇌의 한계가 적나라하게 드러난다. 선거 결과는 선거 때의 국민 정서에 의해 결정된다. 개개인의 감성이 합쳐져 국민 정서를 결정한다. 어차피 우리가 감성적 동물이라면 민주주의란 모든 사람의 감성이 선거에 반영되는 게 좋다. 투표에 참여하지 않는 국민이 많을수록 국민 정서가 제대로 정치에 반영되지 않는다. 투표에 불참하면 다른 사람의 정서가 내 운명을 결정한다.

세상은 중도결핍증 사회, 증폭 사회, 극단 사회다. 양극단에 치우치지 않는 중도가 어느 국민 정서의 손을 들어주는가에 따라 시대정신이 결정된다. 중도의 수준이 높을수록 그 나라 정치 수준이 높다.

학문이 발전한다고 세상이 얼마나 바뀔까? 예술이 발전하면 세상이 바뀔까? 직장에서 성실하게 열심히 일하면 세상이 바뀔까? 내 가게에 오는 손님에게 물건을 정직하게 판다고 세상이 얼마나 바뀔까? 조금씩은 바뀌지만 우리를 좌절하게 만들 만큼 아주 조금이다. 선한 공동체와 좋은 정치를 통해 세상을 바꾸는 게 가장 효과적이다. 트럼프 대통령이 참석하는 모임에 대거 공석이 발생했다. 방탄소년단의 팬이 연합해 좌석을 예매한 뒤 집단으로 나타나지 않았던 것이다. 이런 정치적 행위는 세상에 큰 영향을 미친다. 지금은 정치가 필요한 시간이다.

비정규직이 정규직보다 더 많은 봉급을 받는 나라가 있다. 어떤 대통령 후보가 비정규직 우대를 공약하고 당선되면 비정규직의 삶은 획기적으로 달라진다. 일본의 정치를 보면서 일본 사회와 일본 청년의 무기력함이 이해가 된다. 정치가 바뀌면 국민이 바뀌고 국민이 바뀌면 정치가 바뀐다. 내가 변화하면 세상이 변화하고 세상이 변화하면 나도 변화한다. 정치와 국민, 나와 세상, 모든 게 상호의존적이니 무엇이 먼저여야 하는지 고민할 필요 없이 되는대로 하자.

나를 바꾸기 위해서는 독서와 대화, 토론, 그리고 글쓰기와 운동, 호흡명상부터 하자. 세상을 바꾸고 싶다면 선한 공동체와 좋은 정치에 참여하자. 정치인만의 리그인 정치에 우리도 참여하자. 슈퍼리치의 투표율이 90%가 넘는다고 하니 일단 투표부터 하자. 정권이 바뀔 때, 대통령이 바뀔 때 세상이 가장 많이 바뀐다.

진부하고 상식적이고
너무나 가벼운 거짓말

용서하는 자비로운 사람, 사랑이 넘치는 사람이 문제가 있다고
말하는 것은 아니다. 인간과 세상을 있는 그대로 보는 사람의 긍
정, 낙관, 사랑, 용서, 감사, 겸손은 소중하고 아름답다. 착하거나
여린 세상의 약자일수록 인위적인 감정의 덧칠에 휘둘리면 자신
에게 손해다. 지혜, 자유, 평온을 얻은 사람은 감정의 소용돌이에
서 벗어나 자연스럽게 중도의 길을 간다.

건강한 '몸마음', 흔들리지 않는 '몸마음'을 위해 일곱 가지 실
천 방안을 제시한다. 첫째는 호흡을 알아차리는 관찰자 되기, 둘
째는 운동과 호흡명상을 결합해 실행하기, 셋째는 생각하는 힘
기르기, 넷째는 자신이 살고자 하는 삶에 대한 논리와 이론 정립
하기, 다섯째는 법의 테두리 내에서 윤리의 황금률을 준수해 내

재가치, 즉 사회적 가치가 높은 사람 되기, 여섯째는 대화와 관계를 통해 다른 사람의 욕망, 나아가 세상의 명령과 조화 이루기, 일곱째는 공동체와 정치 참여로 내재가치가 높은 사람을 위한 세상 만들기다.

성철 스님이 "내 말에 속지 말라"고 하자 마이크를 댄 KBS 기자가 당황하면서 "사람은 모두 자기 말에 속지 말아야 한다"는 의미냐고 되물었다. 성철 스님은 가슴을 치면서 "내 말 말이여. 내 말하는 데에 속지 말란 말이여"라고 말하고 "나는 순 거짓말만 하고 사는 사람이니까 내 말에 속지 말라 그 말이여"라고 다시 반복했다. '사람은 누구나 자기 자신의 말에 속아서는 안 된다'가 아니라 '사람은 성철 스님의 말에 속지 말라'는 말이다. 이 말을 잘못 해석해 '성철 스님은 거짓말쟁이'라고 떠들고 다닌다면 코미디가 된다.

이 책에서 여러 사람을 비판했지만 그들의 모든 것을 비판한 것은 아니다. 누가 100% 옳고 누가 100% 그르겠는가? 이 책이 그들의 훌륭한 주장에 대한 칭찬을 담지 않았다고 해서 그들의 좋은 주장까지 비판하는 것은 아니다.

이 책을 쓰면서 남을 비판하지 않을 수 없다는 사실이 마음에 많이 걸린다. 하지만 기존의 사고에 젖어 있는 독자의 생각을 바꾸어야 하기에 내가 싫은 일을 할 수 없이 하게 되었다. 나도 한때 제도권 힐링이 심어놓은 집단 무의식의 지배를 받았으니 우리 모두 함께 집단 무의식에서 벗어나자. 진부하고 상식적이고 너무나 가벼운 거짓말에 영향받지 말자.

이 책의 내용도 절대 진리가 아니다. 무릇 세상의 좋은 말처럼 이 책의 내용은 맞는 말이기도 하고, 맞지 않는 말이기도 하며, 맞지 않는 말이 아니기도 하다. 주어진 한도 내에서 임시적으로 타당할 뿐이며, 그것도 확률적으로 타당하다는 의미이지 절대 진리는 아니다.

부처는 언어로 표현하는 것은 한계가 있기에 경전이 불완전하다고 했다. 경전은 달을 가리키는 손가락에 불과하니 불완전한 경전에 매이지 말고 손가락이 가리키는 달을 보라고 했다. 이 책은 손가락에 불과하니 달을 보기 바란다.

이 책의 내용을 한 자 한 자 엄격하게 해석하고 따진다면 전체를 잃는다. 책을 읽으면서 논리적으로 분석하고 정리하려 하지 말고 그냥 있는 그대로 받아들였으면 좋겠다. 책을 다 읽고 무언가 떠오르거나 도움이 된다면 그것으로 충분하다. 수많은 지식과 경험을 얻은 뒤에 말로 설명하기 어려운 직관이 생긴다. 이 책의 내용도 독자에게 소화되어 말로 설명하기 어려운 직관으로 나타나기를 소망한다.

삶의 지혜란 모름지기 모호함, 딜레마, 모순으로부터 완전히 자유로울 수 없다. 그러니 이 책이 부족하다고 느꼈다면 이해해주기 바란다. 다만 한 가지는 자신 있게 말할 수 있다. 이 책은 내 자식에게도 들려주고 싶은 정직한 조언이다.

　이 책은 주로 인생에 관한 거짓말을 해부하는 내용이므로 의사결정과 집행 오류에 대한 내용은 간단한 소개에 머무를 수밖에 없다. 모든 내용을 한 권의 책에 담기엔 불가능하다. 독자가 이 책을 사랑해준다면 의사결정과 집행 오류의 보다 상세한 내용에 관해서는 후속 책으로 보답하고 싶다.

실생활에 적용하기 1

진로 결정의 기술

어떤 젊은이가 내 원고를 다 읽고 자신의 진로 의사결정에 도움이 되는 내용이 있었으면 좋겠다고 말했다. 사실 이 책의 내용은 거의 대부분 진로 의사결정에 적용될 수 있는데도 막상 책을 읽을 때는 그와 연결시키지 못한다. 책의 내용과 현실 사례가 따로 노는 것이다. 독자를 위해 진로 의사결정에 도움이 되는 내용을 정리해보았다. 다음 내용을 읽고 '아, 이 내용이 있었는데 왜 생각이 안 났지?'라고 할 거다. 여러 상황에 적용되는 일반 원칙은 구체적으로 응용하기 쉽지 않기 때문에 진로 의사결정에 연관시키지 못하는 것이다. 이 책은 두 번 읽는 게 좋다. 두 번째 읽을 때는 자신의 구체적인 고민을 염두에 두고 읽자. 다음은 이 책의 일반적인 내용을 진로 의사결정에 구체적으로 응용한 사례 분석이다.

1. 매사에 정답은 없다. 진로 의사결정 역시 합리적 선택이 아니라 후회할 수밖에 없는 결단이다. 선택한 뒤 결과가 좋으면 진로 의사결정을 잘한 게 되고, 운이 나빠 잘 안 풀리면 진로 의사결정을 못한 게 된다.

2. 수많은 요인, 조건, 환경, 상황을 고려해 결정해야지 한두 가지에 꽂혀 의사결정을 하면 안 된다. 예를 들어 장학금에 혹해 선택한다거나 지방 근무라고 거들떠보지도 않는다거나 하는 식이다.

3. 관련된 요인, 조건, 환경, 상황이 바뀌면 진로 의사결정도 바뀌어야 한다. 이미 진로를 선택했더라도 아직 늦지 않았다면 진로를 바꾸는 것을 고려하자.

4. 삶은 딜레마, 모호함, 모순이기에 진로 의사결정 역시 그것들 속에서 결정되는 불완전한 의사결정일 수밖에 없다.

5. 세상의 흐름과 방향을 무시하고 좋은 진로 의사결정을 할 수 있을까? 불과 10년 전의 인기 직업과 지금의 인기 직업은 다르다. 100세 시대의 직업 선택은 10년 후의 미래를 위한 선택이 아니라 남은 70년을 위한 선택이다. 인공지능과 로봇 시대의 진로 의사결정이라고 생각하고 선택하자.

6. 생각하는 힘이 약하면 가보지 않은 길에 대해 장밋빛 시나리오를 쓰기에 진로 의사결정 후에 반드시 후회한다. 회색빛 시나리오를 써보면 진로 의사결정 후에 후회하지 않을 거다.

7. 직장을 옮긴 사람의 절반이 후회한다. 전공이나 직업을 선택한 후 후회하는 사람은 그보다 더 많을 수도 있다.

8. 최악의 경우를 상정해도 살아날 길이 있는가를 모색하고 대비해놓으면 최악의 경우는 내가 감당할 수 있는 사건으로 바뀐다. 진로 의사결정에 있어서도 최악의 경우를 상상하고 대비하자.

9. 마음이 들뜬 상태에서는 절대 의사결정을 하지 말자. 감정이 요동치고 있다면 선택을 미루자.

10. 바람 부는 대로 낙엽 지는 대로 물 흐르듯 담담하고 차분하게 의사결정을 하자. 때로는 기다리는 즐거움이 더 큰 기회를 주기도 한다. 자연스럽지 않고 인위적인 것은 일단 거부하자.

11. 진로에 관한 꿈만 꿀 게 아니라 내가 진로에 관해 꾸는 꿈 자체, 꿈의 방향과 성격, 꿈을 이룰 과정과 방법, 꿈을 이루기 위해 필요한 바람직한 자질에 대해서도 사유하고 성찰하자.

12. 진로에 관한 꿈이 과연 적합한 꿈인지, 비현실적인 꿈은 아닌지, 꿈의 방향이 올바른지, 너무 쉽지도 너무 어렵지도 않은 창조적 긴장을 유발할 수 있을 정도의 꿈인지 면밀하게 살펴보자.

13. 손정의는 성공 확률 50%에 투자하는 사람은 바보고 자기는 70%에 투자한다고 했다. 당신이 원하는 진로를 선택하면 성공 확률이 얼마일까?

14. 진로 의사결정을 잘하려면 '좋아하고 잘하는 것을 하라. 내면의 소리에 귀를 기울여라. 모든 해답은 내 안에 있다' 같은 인생에 관한 거짓말에 속지 말자.

15. 좋아하고 잘한다는 기준만으로 직업이나 전공을 선택하기엔 인간과 세상은 너무나 복잡하다. 모든 곳에서 내 실력을 동등하게 평가해주지는 않는다. 어떤 직장이 나를 가장 높이 평가해주고 경제적·비경제적 이익을 가장 많이 줄까?

16. 가정, 학교, 사회에서 욕망을 억압하다 보니 우리는 대부분 자신의 욕망을 모른 채로 성인이 되어 욕망의 지배를 받으며 산다. 진로 선택은 내 욕망과 맺는 계약이다. 진로 의사결정의 첫걸음은 자신의 욕망 앞에 정직해지는 것이다.

17. 내가 감당할 수 있는 욕망만 지고 가야 한다. 내가 절대 포기할 수 없는 욕망을 포기하는 진로 의사결정이 과연 현명할까?

18. 어떤 사람은 돈이 중요하고, 어떤 사람은 권력이 중요하고, 어떤 사람은 남이 알아주는 삶이 중요하다. 나를 알아야 진로 의사결정을 잘할 수 있는데도 우리는 마치 자기 자신을 잘 안다는 듯이 직장이나 직업에 관한 정보만 수집한다. 고통스러울지라도 나를 해부하고 남에게 나를 설명해보자.

19. 돈 이외에 나를 행복하게 해주는 것이 무언인가를 고민하며 진로 의사결정을 해야 한다. 진로 의사결정에 관한 고민에 은퇴 이후의 삶이 빠져 있다면 100세 시대에 크게 실수하는 거다.

20. 인간은 자유의지의 영역이 매우 좁기에 진로 의사결정에서 나의 의지가 작용할 영역은 매우 좁다. 가장 먼저 나의 가정환경, 내가 자란 사회, 내 친구 등이 나의 진로 의사결정에 어떤 영향을 미치고 있는지 생각하자. 내가 유난히 끌리는 대안이 누군가의 말에 너무 영향을 받은 것은 아닐까?

21. 과거의 경험은 유용한 정보지만 꼭 그대로 반복되지는 않는다는 사실을 알아야 한다. 과거의 경험이 내 손발을 묶지 않도록 하자.

22. 장밋빛 꿈에 취하지는 않았는지, 너무 위축되어 좋은 기회를 놓치는 것은 아닌지, 중요한 정보를 외면하고 있지는 않은지 생각해보자.

23. 양극단에 치우치지 않고 관련된 수많은 요인, 조건, 환경, 상황을 있는 그대로 고려해 진로 의사결정을 하자. 낙관과 비관을 떠나 있는 그대로 보지 못하면 내게 무엇이 이익인지도 모른다.

24. 인간과 세상의 본질에 대한 지식과 경험이 없으면 있는 그대로 보기 어렵다. 지식 섭취 못지않게 다양한 경험이 중요하다.

25. 나의 지식과 경험은 한계가 있다. 친구, 선배, 멘토와의 대화나 인터넷에 있는 타인의 지식이나 경험을 통해 나의 지식과 경험을 확장하자. 인터넷에 있는 직장 내 갑질과 각종 부조리에 대한 정보를 참고하자. 내가 고려하는 직업에 대한 경험담을 수집하자.

26. 있는 그대로 보고 싶다면 진로 의사결정에 대해 고민하며 호흡에 집중해보자. 내 몸으로부터 유체이탈해 관찰자가 되자. 혹은 자신을 친구라고 생각하고 친구에게 진로에 대해 조언하는 것처럼 중얼거려보자.

27. 진로 결정에 필요한 모든 조건 중 내가 보고 싶은 것만 보지 말고 치우치지도 말고 있는 그대로 보자.

28. 편견, 아집, 독선, 선입관, 고정관념, 분노, 슬픔, 사랑, 미움, 낙관, 비관, 긍정, 부정 등의 감정에 영향을 받거나 인지 능력의 한계 때문에 있는 그대로 보지 못한다.

29. 진로에 대한 내 생각을 다른 사람에게 이야기해보자. 반대할 것 같다고 대화를 기피하면 의사결정 오류의 확률이 높아진다. 부모와의 대화가 싫다면 나보다 더 똑똑한 대화 상대를 찾아보자.

30. 어떤 진로가 좋을지 막막하다면 만사 제쳐놓고 아리스토텔레스 학파처럼 무작정 걷자. 하체 운동을 하면 혈액순환으로 인해 머리가 맑아져 의사결정을 잘하게 된다. 너무 '마음, 마음' 하지 말자. 몸이 마음에 갖는 위력도 대단하다.

31. 운동 직후 즉시 진로 의사결정에 대해 고민하자. 이때 가장 좋은 아이디어가 떠오를 수 있다. 운동 직후 두뇌 활동이 최고 수준이 된다는 과학적 연구 결과를 무시하지 말자.

32. 진로 결정을 앞두고 갑자기 생각하는 힘이 강해질 리 없다. 평소

에 생각하는 힘을 강화해야 한다. 체력, 지식과 경험, 생각하는 힘, 있는 그대로 보는 역량, 넓은 자유의지 영역 등으로 구성된 건강한 '몸마음'은 진로 의사결정 오류를 최소화한다. 평소에 독서와 대화, 토론 그리고 글쓰기와 운동, 호흡명상을 하자.

33. 아무리 열심히 일해도 비정규직을 떠돌며 삶이 힘들다면 세상이 바뀌어야 할지 모른다. 너무 내 탓이라고 생각하지는 말자. 진로 문제는 결국 나와 세상의 문제이지 나의 문제만은 아니다.

실생활에 적용하기 2

인간관계의 기술

이 책의 내용은 대부분 인간관계로 인한 갈등에 그대로 적용될 수 있음에도 불구하고 독자들은 한두 내용만 제외하고는 인간관계 갈등 사례에 연결시키지 못할 수 있다. 이 책은 인간관계 갈등에만 초점이 맞추어진 게 아니라 모든 고민에 맞추어진 일반적인 내용이기 때문이다. 대학에서 사례 분석을 과제로 내주면 대부분의 학생이 한 학기 동안 배운 내용을 사례와 연관 지어 분석하지 못한다. 책의 일반적인 내용을 인간관계 갈등에 구체적으로 응용하면 다음과 같다.

1. 우리는 삶을 단순화하지 않고 복잡한 삶 속에서 생기는 온갖 문제에 잘 대응하려고만 한다. 과연 우리가 모든 문제를 잘 감당할 수

있을까? 문제를 너무 많이 만들지 않는 것도 중요하다. 삶을 가지치기 하자.

2. 삶이란 수많은 사람과의 관계다. 인간관계 갈등은 각자의 정신세계가 대결하는 욕망끼리의 전쟁이다. 상대와 대화하면서 자신의 정신세계가 한 수 아래라고 실감하는 사람이 상대에게 휘둘리지 않을 수 있을까?

3. 지혜로운 사람이 갈등관계에서 승리한다. 지혜란 체력, 지식과 경험, 생각하는 힘, 있는 그대로 볼 수 있는 역량, 넓은 자유의지의 영역 등으로 이루어진 정신세계의 산물이다.

4. 높은 정신세계를 가진 사람이 진정으로 강한 사람이다. 강한 사람이란 생각하는 힘이 강한 사람, 흔들리지 않는 몸과 마음을 가진 사람, 인간과 세상의 본질을 잘 파악하는 사람이다.

5. 높은 정신세계가 있는 사람은 중구난방, 허둥지둥이 아닌 지혜와 체계를 가지고 대응한다.

6. 휘둘리지 않으려면 인간과 세상의 본질에 대한 확고하고 체계적인 지식을 갖추어야 한다. 대안을 생각해내야 하고, 내용을 알아야

하며, 해결책이 있어야 한다. 생각하는 힘이 약하면 상황 파악도 못하고 대안도 없이 질질 끌려 다닌다.

7. 내 고민과 유사한 고민을 가졌던 사람의 경험담은 큰 도움이 된다. 내 주변에 그런 사람이 없다면 인터넷에는 있을 거다.

8. 기존 제도, 윤리, 기준이 모두 재정립되는 시대에 자신의 생각, 말, 행동을 뒷받침하는 논리와 이론을 구축해야 강한 사람이 될 수 있다.

9. 여리거나 착한 사람이 휘둘리지 않기 위해 악하거나 억센 사람이 되려는 것은 잘못된 전략이다. 다른 사람과 세상보다 더 높은 정신세계를 갖는 것이 지혜로운 전략이다. 돈, 학벌, 직업, 외모의 약자라도 높은 정신세계가 있으면 기댈 언덕이 있다.

10. 독서와 대화, 토론, 글쓰기는 생각하는 힘을 기르기 위한 가성비 최고의 비결이다.

11. 갈등 상황을 그대로 보기 위해서는 호흡에 집중하면서 나로부터 유체이탈하거나 혹은 나를 친구로 보고 조언한다고 생각하자. 한마디로 관찰자가 되자.

12. 몸을 위해서는 운동을 하고 마음을 위해서는 명상을 하자.

13. 고민이 있을 때 고민 속에 파묻히지 말고 차라리 운동을 하자.
    상대를 이길 수 있는 힘은 때로는 뼈와 근육에서 나온다.

14. 인간 때문에 힘들다면 차라리 몸이 지치도록 운동을 하자.

15. 세상의 약자는 억울하고 힘들수록 운동을 하자. 운동과 호흡명
    상을 결합하면 운동이 명상이 되고 명상이 운동이 된다. 호흡을
    관찰하면 평온해지고 좋은 해결책도 나온다. 호흡은 우리의 몸
    도 건강하게 하지만 마음도 건강하게 한다.

16. 호흡을 지렛대 삼아 관찰자가 되자. 나의 감정이 요동치는 것을
    알아차려야 자극과 공격에 가장 잘 대응할 수 있다. 상대의 말에
    말려드는 나의 감정을 알아차리자.

17. 상대가 소리를 지르고 강압적으로 나올 때는 절대 즉각 대응하지
    말고 하나, 둘, 셋… 하며 들숨에 집중하고, 하나, 둘, 셋… 하
    며 날숨에 집중하자. 호흡에 집중하면서 상대의 공격을 알아차
    리고 관찰자가 되어 대응하자.

18. 어차피 시간이 지나면 나의 대응에 후회하기 마련이다. 대응 또한 합리적 선택이 아니라 후회할 수밖에 없는 결단이다.

19. 잘못 대응했다고 느낀다면 수정할 기회는 또 있다. 인간관계는 종결이 없기 때문이다.

20. 운동 직후 쉬지 말고 즉시 인간관계로 인한 고민을 명상하라. 가장 좋은 대안은 이때 나온다.

21. 밤에 자다 깨어 하는 고민은 한쪽으로 치우치기 쉽다. 잠이 안 오면 차라리 호흡명상을 하자.

22. 몸이 피곤한 상태, 너무 바쁜 상태에서는 절대 대응하지 말자. 잘못 대응할 가능성이 다분하다.

23. 마음이 께름하거나 불편하고 불안할 때 팔, 다리, 어깨, 허리에 힘을 주고 하나, 둘, 셋… 세며 호흡과 근육에 집중해보자.

24. 상대와의 갈등이 떠오를 때마다 호흡에 집중하자. 당신을 괴롭힌 사람이 떠오를 때마다 운동과 호흡명상을 하자.

25. 인간관계로 갈등할 때 따로 시간을 낼 필요가 없다. 지하철이나 버스에서 팔, 다리, 목, 어깨, 허리 등에 힘을 주어 근육의 긴장을 15초 정도 유지하는 아이소메트릭스 운동을 하며 호흡에 집중하자. 호흡에 집중하면 고민은 명상이 된다.

26. 분노, 슬픔, 좌절, 편견, 선입관, 고정관념 등으로부터 벗어나 인간관계 갈등을 있는 그대로 보아야 한다. 자존심, 수치심, 고집, 오기를 떠나면 내가 대응할 수 있는 영역이 확장된다.

27. 나는 못 보는 것을 남은 잘 볼 수 있다. 부모는 내 편이기에 잘못 볼 수도 있고 나를 잘 알기에 잘 볼 수도 있다. 부모, 형제자매 이외에 옆에서 있는 그대로 보아줄 사람이 있으면 든든한 자산이다.

28. 흔들리지 않는 몸마음, 높은 정신세계를 가진 사람으로 날마다 조금씩 변화한다면 언젠가 나는 다른 사람과 세상보다 더 똑똑한 사람으로 바뀐다.

29. 생각하는 힘이 약한 사람이 생각을 너무 많이 하면 갈등 상황을 있는 그대로 보지 못한다. 때로는 '생각 멈추기'가 도움이 된다.

30. 있는 그대로 보지 못하는 사람이 자꾸 상상력을 발휘하면 갈등

상황은 왜곡되고 해결 불가능한 소설이 된다. 생각하는 힘이 약할수록 상상력을 발휘하지 말자. 상대가 하루 종일 연락이 없으면 그냥 연락이 없는 거다. 상상력을 발휘하면 '화가 나서, 자기가 잘못해서, 교통사고가 나서…' 등등의 이유를 만들어낸다.

31. 때로는 모범생이 갈등관계에 있어서는 아주 곤란한 상대일 수 있다. 모두 그를 믿지만 그도 이상하고 틀린 생각을 할 수 있기 때문에 나만 나쁜 놈이 될 수도 있다. 어떤 경우엔 산전수전 다 겪은 사람과 타협하기가 더 쉽다.

32. 갈등에 관한 삶의 논리와 이론이 과학 지식에 근거하지 않으면 정당성이 없고 설득력을 갖지 못한다. 논리와 이론은 과학적이어야 강한 힘을 발휘한다.

33. 나의 생각, 말, 행동을 뒷받침하는 논리와 이론이 없으면 어떻게 남의 생각, 말, 행동에 설득력과 영향력을 행사할 수 있을까? 내 삶의 논리와 이론은 다른 사람과의 대화를 통해 다듬어져야 한다.

34. 인간관계 갈등에 대한 고민을 의논할 누군가가 내게 없다면 내 세계에 갇혀 잘못 대응할 가능성이 다분하다. 심지어 어떤 사람은 인터넷 고민 상담에 익명으로 자기 사연을 털어놓기도 한다.

35. 고민을 의논할 사람이 있는데도 불구하고 털어놓고 싶지 않다면 이미 잘못 대응하고 있다는 증거다. 똑똑한 사람일수록 인간관계에 대한 혼자만의 생각은 어리석기 쉽다.

36. 억세거나 악한 사람을 만나야 할 때는 반드시 누군가를 데리고 가자. 나와 내 편이 공동체를 이룬다.

37. 억센 사람은 자기가 실수했다는 것을 인정하지 않기에 의도하지 않은 잘못을 수시로 저지른다. 억센 사람은 의도치 않게 나쁜 사람이 될 확률이 높다.

38. 무조건 내 편을 들어줄 사람도 필요하지만 있는 그대로 보고 담담하게 조언해줄 사람도 필요하다.

39. 생각하는 힘이 약하면 삶의 논리와 이론을 정립하지 못한다. 갈등에 직면했을 때 갑자기 생각하는 힘이 강해질 리가 없다. 평소에 생각하는 힘을 길러야 한다.

40. 나는 상대와 갈등하면서 나도 모르게 상대의 영향을 받는다. 흔들리지 않는 몸과 마음을 갖자.

41. 인간은 비합리적·비이성적·비논리적이며 갈등하는 와중에도 대부분 자신에게 무엇이 이익인지 모른다.

42. 갈등의 표면에는 거룩하고 아름다운 말이 잔뜩 나열되어 있을지 모르지만 이면에는 인간의 욕망이 이글거리고 있다. 욕망을 직시하자.

43. 모두가 과장하고 있기에 있는 그대로 말하면 당신은 가장 겸손한 사람이다.

44. 매사에 감사하는 사람은 인기가 좋다. 매사에 불평하는 사람은 기피 인물이다. 감사하지도 않고 불평하지도 않고 있는 그대로 보는 사람은 주위의 존경을 받는다.

45. 인생에 관한 거짓말에 속지 말자.

46. 있는 그대로 보고 사건을 재구성하자. 생각하는 힘으로 사유와 성찰에 이를 정도로 사건을 재구성한 뒤에 내가 어떻게 대처할 것인가를 결정하자.

47. 내가 기억하는 사건은 객관적이 아니라 주관에 의해 구성된 임시

저장물이기에 시간이 흐르면서 재구성된다는 사실을 인정해야 한다. 지나치게 내 위주로 기억된 사건은 아닌지, 지나치게 '내 탓이요'라는 관점에서 기억된 사건은 아닌지 살펴보자. 이런 관점은 상대에게도 적용되는데 그는 이런 생각조차 못할지 모른다.

48. 인간의 인지 능력은 한계가 많다. 기억나는 것, 눈으로 본 것을 너무 자신하지 말아야 한다. 내가 이런 인간의 한계를 알아도 상대가 이런 사실을 모르면 대화가 힘들다.

49. 커뮤니케이션은 대부분 실패한다는 사실을 잊지 말자. 상대의 말 하나하나를 너무 따지지 말자. 내가 상대의 말을 잘못 이해할 수도 있고, 내 말을 상대가 잘못 이해할 수도 있다.

50. 모든 관련 요인, 조건, 환경, 상황을 파악하자. 보고 싶은 것만 추려서 보지 말자.

51. 때로는 관련 요인, 조건, 환경, 상황이 이상하게 꼬여 변명하기 불가능할 때도 있다. 이럴 때는 꼼짝없이 나쁜 놈이 되는 거다.

52. 어떤 오해는 풀려고 할수록 더 쌓인다. 그럴 때는 차라리 그냥 가만히 있자.

53. 내가 모든 사람으로부터 좋다는 평가를 받고 있다면 나쁜 사람으로부터도 좋다는 평가를 받는 것이니 문제가 아닐까?

54. 내게 최악의 대비책이 있으면 나는 그만큼 흔들리지 않는다.

55. 잘못 대응했다고 느낀다면 몇 번이고 수정하자. 어차피 정답은 없다. 삶은 딜레마, 모호함, 모순이기에 합리성, 일관성, 도덕성, 명료성을 너무 추구하지 말자.

56. 때로는 내가 겪고 있는 인간관계 갈등을 남이 납득하기 쉽게 설명하기 힘든 경우도 있다.

57. 인간관계가 한쪽만의 승리로 끝나는 경우는 거의 없다. 무엇이 승리인지 판단하기도 쉽지 않다. 어차피 인간관계도 딜레마, 모호함, 모순이기에.

58. 내가 엄청 손해 보았다고 생각해도 오랜 세월이 지나면 별 손해가 아닐 수도 있다.

59. 인간은 자기에게 무엇이 진정으로 이익인지 모르기에 이익을 본다고 생각하면서 실은 손해를 본다.

60. 조금만 양보했으면 더 큰 것을 가질 수 있는 경우도 있다. 그렇다고 자꾸 양보만 하지는 말자.

61. 일이 해결이 안 돼 잠 못 자며 고민하는 기간이 길어져도 잘 버틸 수 있는 사람이 내공이 깊은 사람이다. 만사에는 때가 있다. 서두르지도 질질 끌지도 말고 있는 그대로 보고 대응하자.

62. 어떤 지혜는 직접 겪어보지 않으면 절대 터득할 수 없다. 독서도 친구의 조언도 직접 겪기 전에는 내 것이 되기 어렵다. 사람으로 인한 갈등이 대표적 사례다.

63. 착하거나 여린 사람은 양보 지향적이고 악하거나 억센 사람은 독점 지향적이다.

64. 인간관계 갈등에도 절대 진리는 없으니 내가 옳다고 너무 자신하지도 말고, 다른 사람의 의견이 옳다고 너무 기죽지도 말자.

65. 케인스나 제프 베이조스처럼 항상 변화 가능성에 열려 있자.

66. 어차피 일방이 100% 잘하고 100% 못하는 사건은 없다. 내 작은 잘못을 침소봉대해 '내 탓이요' 하지 말자.

67. 인간관계는 딜레마, 모호함, 모순의 관리일 수밖에 없다. 인간 관계가 만족스럽지 않고 찜찜하다면 정상인 거다.

68. 생각을 읽는 기술, 뇌를 스캔하는 기술이 발달하고 있다. 100세 시대를 사는 젊은이는 정직하지 않으면 안 되는 세상을 준비해야 한다. 당장 정직하지 않으면 큰일 나는 것은 아니나 습관적으로 거짓말을 하는 사람은 힘든 미래를 맞이해야 한다.

69. 인간관계에서 윤리의 황금률은 반드시 지키자. 하지만 너무 훌륭한 사람이 되려고 하지는 말자. 소시민적으로 살아도 내재가치가 높은 유익한 사람이 될 수 있다.

70. 인간관계도 바람 부는 대로 낙엽 지는 대로, 욕망이 부는 대로 욕망이 지는 대로.

71. 윤리의 황금률을 지킨다면 내재가치가 높은 사람이기에 욕망에 충실해도 당당할 수 있다.

72. 누가 보아도 명백하게 내가 양보할 때 상대는 비로소 공정하다고 여긴다. 인간의 심리는 대부분 그렇다.

73. 대화가 안 되는 사람과는 법으로 대화하는 게 좋다. 중재인이나 변호사를 활용하자.

74. 인간관계 갈등의 이면에는 세상이 있다. 강자와의 갈등이란 세상과의 갈등이다. 강자가 나를 짓밟아도 세상이 눈을 감는다.

75. 정치에 참여해 세상을 바꾸자. 정치가 밥 먹여준다.

76. 좋은 세상이란 여리거나 착한 사람이 받아야 하는 몫을 잘 챙겨주는 사회다. 세상의 약자는 선한 공동체와 좋은 정치에 참여해 세상의 강자를 이길 수 있다.

KI신서 10350

인생에 관한 새빨간 거짓말

1판 1쇄 인쇄 2022년 7월 28일
1판 1쇄 발행 2022년 8월 17일

지은이 윤성식
펴낸이 김영곤
펴낸곳 (주)북이십일 21세기북스

인문기획팀장 양으녕 책임편집 최유진
기획 이진아콘텐츠컬렉션 디자인 데시그
출판마케팅영업본부장 민안기
마케팅1팀 배상현 이보라 한경화 김신우
출판영업팀 최명열
e-커머스팀 장철용 김다운
제작팀 이영민 권경민

출판등록 2000년 5월 6일 제406-2003-061호
주소 (10881) 경기도 파주시 회동길 201 (문발동)
대표전화 031-955-2100 팩스 031-955-2151 이메일 book21@book21.co.kr

(주)북이십일 경계를 허무는 콘텐츠 리더

21세기북스 채널에서 도서 정보와 다양한 영상자료, 이벤트를 만나세요!
페이스북 facebook.com/jiinpill21   **포스트** post.naver.com/21c_editors
인스타그램 instagram.com/jiinpill21   **홈페이지** www.book21.com
유튜브 youtube.com/book21pub

서울대 가지 않아도 들을 수 있는 명강의! 〈서가명강〉
'서가명강'에서는 〈서가명강〉과 〈인생명강〉을 함께 만날 수 있습니다.
유튜브, 네이버, 팟캐스트에서 '서가명강'을 검색해보세요!

ISBN 978-89-509-2296-2 (03320)